U0934404

大家风范
中国精神

北京八家名人故居联合活动十五年

主　编◎钱振文
副主编◎张　勇

社会科学文献出版社
SOCIAL SCIENCES ACADEMIC PRESS (CHINA)

宋庆龄故居　李大钊故居　北京鲁迅博物馆　郭沫若纪念馆

茅盾故居　老舍纪念馆　徐悲鸿纪念馆　梅兰芳纪念馆

目录

大家风范　中国精神
北京八家名人故居联合活动十五年
contents

咀华含英

展览纪实

记忆时空

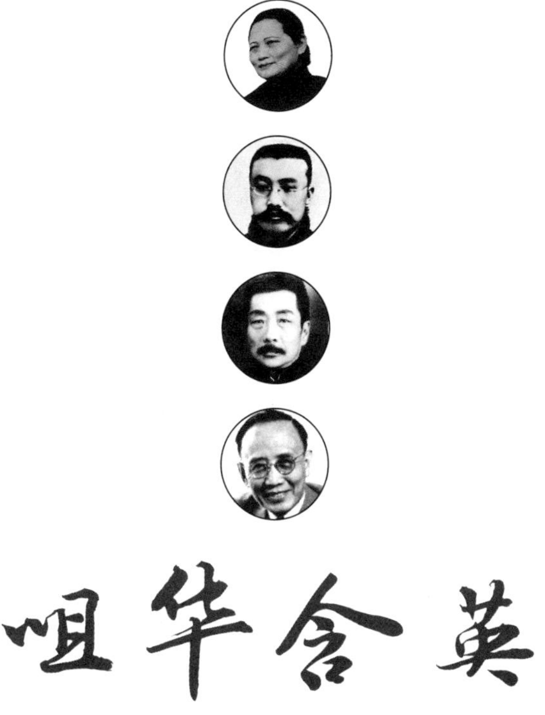

大家风范　中国精神

北京八家名人故居联合活动十五年

聚合的效应

——北京八家名人故居牵手走过15年

钱振文

2013年5月17日，“5·18国际博物馆日”北京地区主会场宣传活动在中国科技馆隆重举办，由宋庆龄故居、李大钊故居、北京鲁迅博物馆、郭沫若纪念馆、茅盾故居、老舍纪念馆、徐悲鸿纪念馆、梅兰芳纪念馆等北京八家名人故居联合策划的展览“20世纪文化名人的中国梦”是所有项目中的重头戏。这样的安排已经不是第一次了，2012年在国家博物馆举办的国际博物馆日活动，同样是安排北京八家名人故居设计的“八家文化名人的爱国主义情怀”作为主会场的重点项目。一个重要原因是，八家名人故居的项目是八家故居、博物馆和纪念馆的集体亮相，非常适合烘托这个博物馆大家族的共有节日。而更重要的是，八家名人故居的亮相不是松散的集合而是聚合，就像乙烯分子作为单体经过聚合可以形成聚乙烯塑料，八家名人故居的聚合同样形成了新的聚合物，这个聚合物让人们一次次把当代中国精神和它的现代起点联系起来，把21世纪和20世纪联系起来。

从“联合”到“联盟”

2011年底，在北京首都功能定位和产业转型的大形势下，高层领导推动提出了建设首都文化圈五大联盟的倡议，其中之一就是成立首都博物馆联盟，把北京市区的100多家博物馆整合在一个平台上，统一宣传，统一策划。媒体首先注意到了早就存在的八家名人故居联盟，在八家故居联盟2011年年终工作总结会上，就不断有媒体记者将电话打到会场，询问成立博物馆联盟的意义和面临的问题。在“联盟”这个新词满天飞的时候，人们对于“联盟”这个新生事物的感觉是既新鲜又陌生，八家名人故居联盟作为样板的示范效应自然引起了大家的关注。

其实，直到这个时候，“八家名人故居联合体”的成员才很不自然地对外称呼“八家名人故居联盟”，在此之前，关于联合体并没有一个规范的说法，八家名人故居只是“一起”活动而已，而且开始并不是八家，从开始的五家到后来的七家再到八家，联合体成员单位也并非始终如一，北京新文化运动纪念馆就曾经是成员单位之一，后来因为与“名人故居”的性质相差较大退出了联合体。

八家联盟的结合与世纪转换有着密切关系。在新千年到来之际，人们对即将成为过去的20世纪有着复杂的感情。孙中山曾经用“百年锐于千载”概括辛亥革命之前的100年，其实用“百年锐于千载”来概括辛亥革命以来的100年可能更为恰当，因为20世纪的世界变化的幅度之大、速度之快，都远远超过了19世纪的100年，对于经历了剧烈社会变革的中国来说尤其如此。2000年，郭沫若纪念馆、北京鲁迅博物馆、宋庆龄故居、茅盾故居、梅兰芳纪念馆等一起组织了“世纪名人万里行”系列文化活动，这几家名人故居的主人都是曾经活跃在20世纪的文化名人，见证了20世纪发生在中国的翻天覆地的变迁，对几家名人博物馆、纪念馆收藏丰富的文化遗产进行有机整合，可以很好地反映20世纪中国在政治、文化等领域的风云变幻。一直到2005年，几家名人故居都是以“20世纪”为主题进行展览策划。

联盟的意义

八家名人故居有着内在的关联而不简单是机械的凑合。其中的鲁迅、郭沫若、茅盾、老舍正是中国现代史上所称的“鲁、郭、茅、巴、老、曹”六大家中的四家，其他的四位名人中，李大钊和宋庆龄是著名政治领袖，也与现代史上的许多文化运动密切相关，徐悲鸿和梅兰芳分别是美术界和戏剧界的代表性人物。一段时间之后，又有李大钊故居、徐悲鸿纪念馆加入，逐渐形成今天的八家联盟。在这个过程中，也有其他一些北京的名人故居，如曹雪芹故居、郭守敬故居等希望能够进入联盟，但因为与20世纪的概念没有关联而无法实现。

由于具有内在的关联性，八家名人故居很容易找到共同的关注点，同时，由于八位名人所生活的20世纪与当代中国具有连续性，八家单位关注的主题往往是当前政治的热点和社会的焦点。2014年，八家名人故居敏锐地抓住了新一届党中央的执政理念和全社会的关注热点“中国梦”，推出了系列展览“20世纪八家文化名人的中国梦”，很好地诠释了现代以来优秀中国知识分子为了中华民族的伟大复兴而做出的持续努力。其实，把八家故居、博物馆和纪念馆的馆藏资源与当代中国联系起来、发挥文化遗产的社会政治价值是八家联盟的一贯传统。如 2008 年是北京奥运年，八家单位策划组织了“文化名人与世界文化”“文化名人与北京”展览；2009 年是新中国成立 60 周年，八家单位策划了“文化名人与新中国”展览；2011 年是中国共产党建党 90 周年，八家联盟组织了“文化名人与中国共产党”；2012 年北京市提出了“北京精神”，八家联盟组织了“文化名人与北京精神”“为了中华民族的崛起——文化名人的爱国情怀”。举办这些文化活动绝不仅仅是为迎合政治而寻找“卖点”，也不仅仅是对文化遗产进行简单的开发利用，而是一种对馆藏资源非物质的一面进行有效保护的方法。

文化公园和文化传送带

为了让更多的群众感受名人文化的魅力，从名人身上获得生活的力量和前行的动力，八家名人故居联盟一直在进行有益的探索。几年来，他们一直借助“清明节”和“5・18 国际博物馆日”开展相关的活动，如节日期间减免门票费、免费提供纪念用鲜花、开展有奖知识问答等。

在吸引游客进馆参观的同时，八家故居把更大的精力放在了外出巡展方面。在巡展地的选择上，八家故居特别关注老少边穷地区，关注特殊弱势群体，多次走进少数民族地区以及少管所、女子劳教所、打工子弟学校等“文化贫困”的场所。例如 2005 年 4 月 12 日，宋庆龄故居、北京鲁迅博物馆、郭沫若纪念馆、茅盾故居、老舍纪念馆、梅兰芳纪念馆联合赶赴河北定州市廉台小学举办“世纪名人万里行”活动，向廉台小学赠送了文体用品1884件、书1736本、家具19件；2011年5月5日，八家名人故居联合在北京125所打工子弟学校之一的朝阳区星河双语学校举办展览，在这次展览活动中，北京市志愿者联合会向八家名人故居颁授了“关爱农民工子女支援服务基地”牌匾。八家故居联盟的活动方式也延伸到各馆单独的活动，如北京鲁迅博物馆从2009年开始就一直在北京的边远郊区县中小学开展文化下乡活动，每年在一个到两个区县进行“走进鲁迅”巡展活动，让许多从来没有到过北京市区的农村孩子接触到城里孩子才能接触到的课外文化。

（钱振文　北京鲁迅博物馆研究员）

发挥名人文化名牌效应
推进八馆文化产业发展

张　勇

自2000年以宋庆龄故居、北京鲁迅博物馆、郭沫若纪念馆、老舍纪念馆等为代表的北京八家名人故居纪念馆开始联合举办活动、承办展览开始，八家名人故居尝试着每年用一个时代主题，借助宋庆龄、鲁迅等八位中国近现代社会文化历史名人的生平事迹，多方位、多角度地宣传中国近现代文化历史上优秀代表人物的人格精神。经过15年的风雨历程，北京八家名人故居纪念馆合作已经初具规模，并得到业界同行的认可，被亲切地称为博物馆界的“乌兰牧骑”。

2000年，北京八家名人故居纪念馆联合举办活动伊始，党的十五届五中全会通过了《中共中央关于制定国民经济和社会发展第十个五年计划的建议》，“文化产业”的概念第一次出现在中央正式文件里。“文化产业”概念的提出，反映了社会主义市场经济体制对文化发展的必然要求。文化产业是指生产销售文化产品和提供文化服务的经营性行业，是文化中可以用产业方式运作的那一部分。文化产业所包含的内容十分丰富，在最广泛的意义上，所有以创造文化意义和打造文化品牌为主的产业都可以称为文化产业，因此，北京八家名人故居纪念馆的合作，必须以文化产业发展方向为引导，积极拓展思路，以打造具有文化意义和文化价值、文化品牌的经济产品为重要任务。

一 创建北京八家名人故居纪念馆文化名牌的内涵效应

毫不夸张地说，经过15年合作的磨砺，北京八家名人故居纪念馆（以下简称八馆）已经初步形成具有鲜明特色的文化品牌。八馆何以实现合作，而且坚持了15年，取得了业界的认可并创建了独属于自己的文化名牌呢？这需要从八馆的内涵和性质谈起。现有的八馆分别是：宋庆龄故居、李大钊故居、北京鲁迅博物馆、郭沫若纪念馆、茅盾故居、老舍纪念馆、徐悲鸿纪念馆和梅兰芳纪念馆。由此可以看出，八馆都是依托中国近现代的社会文化名人在北京居住生活的场所建构起来的，故居纪念馆通过还原其生活场所和内部陈设，展现这些历史文化名人的精神内涵，从这个意义上来讲，上述名人故居纪念馆并非以历史文物的收藏和古建遗迹的展示为主，而主要是展现历史名人的精神世界和人格魅力，因此，内涵特征的一致性是北京八家名人故居纪念馆合作的内在基础，也是它们创建独特文化名牌的缘由所在。这些内在精神归纳起来大体有以下几个方面。

1. 中华人格魅力的完美展现

宋庆龄、李大钊、鲁迅、郭沫若、老舍、茅盾、徐悲鸿和梅兰芳是近现代中国历史上的著名人物，他们身上都蕴含着丰富的文化内涵和人文底蕴，他们身上体现了中国传统人文精神、散发着激励国民前进的“正能量”。

宋庆龄被誉为“国母”，她不仅曾是中华人民共和国名誉主席，更是“伟大的爱国主义、民主主义、国际主义、共产主义的战士”。她早年义无反顾地追随孙中山先生投身到反对帝国主义侵略、保卫世界和平的斗争中，始终坚守自己的信仰，为中华民族的解放和独立做出了卓越的贡献。新中国成立后，她又积极投身国际性的反侵略斗争。宋庆龄是中国妇女界的杰出领袖之一，热心妇女解放事业，致力于少年儿童的文化教育福利事业，历任全国妇联名誉主席，长期主持中国救济总会、中国红十字会的工作。在宋庆龄身上，淋漓尽致展现了中华民族女性坚韧自强、自我牺牲的伟大母爱精神，而且，中华民族善良朴实、勤劳奋进的优秀文化品格也得到了完美呈现。

鲁迅的铮铮傲骨、郭沫若的球形智慧、老舍的市民情怀、茅盾的革命热忱、李大钊的坚守信仰、梅兰芳的艺术典雅、徐悲鸿的文化守护无不与宋庆龄的伟大爱国情怀保持高度一致，他们都从不同层面展现了中华民族的优秀文化品格。以宋庆龄、李大钊、鲁迅、郭沫若等为代表的北京八家名人故居纪念馆的主人都经历了近代中国的苦难，都为民族的独立和富强而不懈努力和奋斗。他们的生活轨迹再现了近代中华民族奋斗的历史，他们就像一座座丰碑，是中国精神的高峰，也是一座座灯塔，用自己的人格魅力指引着中华民族伟大复兴梦想的航向。

“越是民族的，越是世界的”，以宋庆龄、鲁迅等为代表的中国近现代历史文化名人，他们的精神是中国近现代历史留给后人的巨大财富，同时也赢得了世界对中国新文化建设普遍认同和高度关注。如何合理有效地开发利用以宋庆龄、鲁迅为代表的文化名人所葆有的优秀文化人格内涵，开拓相关的文化市场，是北京八家文化名人故居纪念馆打造自身的文化产业品牌首先应考虑的问题。

2. 中国新时代精神的真诚颂扬

中国近百年的历史既是中华民族的抗争史，也是中国文化的反思史，更是民族时代精神的塑造史。以鲁迅等为代表的人文精神领袖以创造中国新式文明为己任，不断寻找救亡图存的文化之路，他们在批判中反思，在反思中批判中华民族的旧文化，以各种方式重塑适应现代中国发展的新文化。

作为中国现代新文学的奠基人，鲁迅以犀利的笔锋痛斥着中国旧文化中的“瞒和骗”，直陈中国传统文化的痼疾。鲁迅的伟大之处不仅在于他像同时代的人一样看到并指出封建思想对中国文化的破坏性，更重要的是，他深刻地揭示出中国传统文化的弊端像无形的牢网紧紧地束缚住普通民众的灵魂，使他们麻木不仁，进而认同、接受奴役和压迫，使自己成为封建文化大厦的一部分。鲁迅无时无刻不在构想中国有朝一日能进入“真和诚”的美好时代。

真正开启中国现代白话新诗写作历程的郭沫若，以一首《凤凰涅槃》奏响了“五四”时代精神的华丽乐章，他用跳动的音符谱写了“五四”新文化运动的高扬激情。他的诗歌不仅是文字的表达，更像一团烈火在燃烧，让民众知晓只有斗争、热情、摧枯拉朽的时代激情才能改变中国的现状，才能唤醒沉睡中的国民。

徐悲鸿以线性艺术直接诠释了自己对新时代的向往和颂扬。他创造性地借助中国历史名篇创作出感人至深的艺术作品：取材于《列子·汤问》的《愚公移山》、取材于《史记》的《田横五百士》、取材于《列子》的《九方皋》等作品，都是借助传统民间励志故事，以此表达自己对中国人勇敢无畏、坚忍不拔地开辟新天地、实现民族复兴的期盼之心。其中最突出的便是集写实与写意于一体的骏马图，徐悲鸿笔下的骏马飘逸、淡雅但却饱含着奋进不屈的民族气节和情操。这些渗透着中国文化元素的艺术作品无不散发出最具中国特色的艺术魅力。

北京八家名人故居纪念馆的主人们，以不同的艺术方式展现中国新的时代精神，在他们的作品中无不洋溢着对真善美的强烈追求，对构建中国文化美好未来的无限期冀。这些呐喊声，虽然时而彷徨、时而低吟，但都无法掩饰他们对理想文化的向往和期待，并构成了特有的时代精神指向。最大限度地弘扬和展示现代中华名人的时代精神，促进国民精神素养的提升，是北京八家名人故居纪念馆合作举办各种展览活动的共同目标和出发点，也是创建独特文化品牌的关键。

3. 历史民俗文化的多元呈现

文化大体分为制度性文化和传统文化两个部分。民俗文化无疑属传统文化范畴，因此它有着鲜明的个性。随着我国人民物质文化生活水平的不断提高，民俗展示、民俗旅游获得前所未有的关注，八馆可以通过历史文化名人居住的场所、日常生活片段向公众展示北京特有的民俗文化形态。

浓郁的京味文化特别是建筑文化，是北京八家名人故居纪念馆最大的特色。北京八家名人故居纪念馆大多坐落于老北京的胡同之中，能够原汁原味地体现北京四合院建筑的特色。坐落于北京市东城区灯市口西街平富胡同19号的老舍纪念馆是比较典型的老北京普通百姓居住的四合院，虽然整个院落空间狭小，内部陈设简单朴实，但院子的布局错落有致、干净整洁，院内的树木种植、鱼缸放置，屋内的桌椅茶几、内饰装裱等无不显示出房屋主人别有意味的安排，从这些方面可以清晰地看出老舍在北京生活的环境，也能体会老舍作品中浓郁京味的由来。

位于什刹海后海北沿的宋庆龄故居与老舍纪念馆有很大不同，它不仅完整地呈现了北京建筑风格，更是现代皇家园林建筑的缩影。宋庆龄故居的门前就是著名的后海风景区——水天相映、碧波涟漪；走进故居大院，能够感受到曲径幽深，楼堂宏伟。雍容典雅、幽静别致、清新自然的皇家庭院建筑风格得到完美呈现。

无论是坐落于寻常巷陌中的北京普通四合院，如北京鲁迅博物馆、老舍纪念馆，还是承袭了宫王旧宅的深宅豪院，如宋庆龄故居、郭沫若纪念馆等，走进这些名人故居纪念馆，扑面而来的便是多元民俗文化气氛。每一处建筑都有故事，每一个角落都有历史，每一处雕梁都有无限的艺术魅力，可以说，它们是中国传统民俗文化的呈现。北京八家名人故居纪念馆通过不同的建筑风格呈现了生动多样、丰富多彩的民间文化，展现了各地风俗文化悠久历史渊源，这也是北京八家名人故居纪念馆文化品牌的重要内容。

北京八家名人故居纪念馆文化品牌内涵，是它们联合举办各种活动的基础，也是创立独特文化品牌的立足点，更是今后发挥优势，构建文化产业发展战略目标的基础。

二　开展北京八家名人故居纪念馆合作的文化优势和构建文化产业的几点思考

相关部门为北京八家名人故居纪念馆联合举办活动，提供了多方面的制度保障，八家名人故居纪念馆在活动中也取得了许多成绩和经验。在发挥北京八家名人故居纪念馆合作的文化优势，更好地推进文化产业的构建中也存在诸多问题，主要应注意以下几个方面的问题。

1. 政策引导，拓宽融资渠道

资金匮乏是制约北京八家名人故居纪念馆进一步合作、提升文化品牌知名度、推进文化产业发展的关键要素，政府有关部门虽可以在启动经费、展览场地、人员配备等方面为北京八家名人故居纪念馆合作提供支持，但仅依靠政府投入是不够的，而且也是不现实的。

根据中央有关精神，文化产业不少领域已经对社会和民间资本开放，政府把鼓励民营企业投资文化产业作为一项重要方略，纳入发展文化产业的对策之中。政府部门的主要责任是既要保护和支持民营资本的积极性，促进民营企业富余资金向文化领域流动，壮大文化产业的实力，拉动产业发展；同时又要使民营文化企业在正确把握方向的前提下，通过股份制形式，形成有效合作关系，运用资金和专业两大优势，生产具有市场竞争力的文化产品，从而取得良好的社会效益和经济效益。

北京八家名人故居纪念馆自合作举办活动以来，经历过聚散重组，经过15年的磨合后，现在基本已经稳定成型。在这一前提下，应该在政策允许的范围内，将今后工作的重点放在扩大文化品牌社会影响力、更好更多地吸引外部资金注入、提升品牌的文化内涵等方面。只有多方面筹措资金，拓宽展览的领域和空间，创建独特的文化产业发展模式，北京八家名人故居纪念馆的合作才能在全国文化产业发展的大潮中立稳脚跟，乘势前行。

2. **突出重点，发挥文化旅游的龙头带动作用**

北京文化特色鲜明的纪念馆、博物馆和故居文化遗址众多，因此，应该以旅游为主线，以文化为内涵，拉动民间艺术业、会展餐饮业、娱乐业等相关部门协调发展。

北京八家名人故居纪念馆的位置基本在一条旅游线路上，具有开发旅游资源得天独厚的优势。在这种条件下，可以尝试进行合理的旅游线路规划，比如可以筹划北京八家名人故居纪念馆联票制度、北京八家名人故居纪念馆一日游路线，也可以开展北京八家名人故居纪念馆观花赏景节等社会活动。具有浓郁文化历史底蕴的北京八家名人故居纪念馆旅游路线就是很好的尝试，既宣传了北京八家名人故居纪念馆合作的特色文化风情，又促进了文化产业的协调发展。

3. **改变现有的展览模式，探究新型展示手法**

展览是北京八家名人故居纪念馆对外宣传的主要手段和方法，八家名人故居纪念馆每年在北京城区内外，全国各地文化机构、高校机关甚至国外举办各种主题的展览展示活动。这些展览展示活动对弘扬中华传统文化精神，宣传中华名人的人格魅力具有十分重要的意义和作用。从 15 年的经验来看，最根本的问题是展览形式比较单调。

随着观众自身素质的提升，他们已经不满足于靠简单的展板、文字和图片来获取展览信息，而希望看到名人的作品实物以及日常生活中使用物品的实物，更希望活动主办方能够通过现代化的光电手段提供新颖独特的内容，也更希望有相关专家对这些名人的精神内涵进行深入的解读和分析。

这给北京八家名人故居纪念馆今后合作举办展览提出了新的课题和挑战。由于各个故居纪念馆隶属部门不一，实物展览从形式上很难做到完全协调统一；现代化的展览形式也受制于资金技术方面的因素；而相关专家的解读，也因各馆专业技术人员水平的参差不齐难以完全满足学理提升的需求。解决上述这些问题是北京八家名人故居纪念馆以后对外展览展示活动能否更上一个台阶的关键，也是其文化产业能否取得实质性进展的重要症结所在。

4. 建立合作的新型统一文化市场，改变各馆文化产业各自为政的局面

北京八家名人故居纪念馆都具有丰富的文化资源，这也为其合作打造文化产业品牌开辟了广阔的市场，但也带来了一系列问题，目前最突出的问题就是各个博物馆的文化产业发展方向互不协调、无法建立起统一的文化市场，无形中造成了文化资源的浪费。所以，如何有效协调、统一运作是亟须解决的问题。

单靠某一家名人故居纪念馆很难取得社会广泛的关注和认

同，只有聚合才能取得效应，互助才能得到双赢，这就要求北京八家名人故居纪念馆建立一盘棋的思想，要根据摸底调查、梳理分析、统筹安排的原则，统一发展文化产业对于建设北京八家名人故居纪念馆文化合作的重要战略意义的认识，树立具有特色的合作文化品牌，带动八家故居纪念馆整体文化产业健康有序地发展，进而推进相关文化产业的和谐提升。

5. 传统特色文化与现代新兴文化产业的协调发展

目前，北京八家名人故居纪念馆应将联合发展文化产业的战略重心放在构建传统文化品牌上。但在重视传统的同时，我们也应该把握当前世界文化产业发展的趋势，努力做到传统与现代的协调同步发展。目前最突出的问题是新兴的文化产品开发投入不足，这在很大程度上制约了北京八家名人故居纪念馆文化产业的协调发展，进而也会影响北京八家名人故居纪念馆传统文化产业发展的进程。在这一点上，八家名人故居纪念馆可以先设计统一的标识，再开发具有统一标识的产品，如手工纪念品、传统文化制品、动漫产品等。因此，推动北京八家名人故居纪念馆新兴文化产业的开发，将成为北京八家名人故居纪念馆文化产业全面协调可持续发展的重点所在。

北京八家名人故居纪念馆合作的 15 年，既是一个过往时间的节点，也是一个全新的起点。当前全国各地纷纷把发展文化产业纳入社会发展的战略视野，具有悠久历史文化传统的北京八家名人故居纪念馆必须抓住机遇，发挥自身的文化特色与优势，创建自己的文化品牌。要使北京八家名人故居纪念馆文化产业的发展尽快步入良性循环的轨道，并最终实现真正意义上的可持续发展，必须以科学发展观为指导。我们完全有理由相信，只要各级政府合理引导，文化市场规范发展，通过积极学习国内外相关故居纪念馆的成功经验并参与国际竞争，走市场化、品牌化的道路，北京八家名人故居纪念馆一定会树立起自己的文化品牌，其文化产业一定能够协调、持续、健康地发展下去。

（张勇　中国社会科学院郭沫若纪念馆副研究员）

印象深刻的多个“第一次”

赵笑洁

2014年，是八家名人故居纪念馆联合开展活动的第十五个年头。说是八家纪念馆，其实一开始只有七家，中间因为种种原因，有时是六家，有时只有五家，直至2007年5月李大钊故居正式对外开放，才形成了现在八家名人故居纪念馆联合的格局。

在整理《八家名人故居纪念馆合作活动大事记》的过程中，往事恍如昨日，历历在目，清晰可见，真是令人感慨万千。十五年斗转星移，无论是整个博物馆界还是八馆，都发生了不小的变化，经历了许多事情。因此，把由此触发的一些回忆梳理出来，作为十五年的纪念也在情理之中。在这十五年中，有许多难忘的回忆，其中有多个“第一次”给笔者留下了深刻的印象。

名人后代第一次齐聚为展览送行

在2000年世纪之交的时候，大家都在以各种方式对20世纪进行盘点和总结。当时，北京对外开放的宋庆龄故居、北京鲁迅博物馆、郭沫若纪念馆、茅盾故居、老舍纪念馆、徐悲鸿纪念馆、梅兰芳纪念馆七家名人故居纪念馆的馆领导或社教部主任多次在一起商议，用什么形式和主题才能把这几位中华民族杰出代表的文化精神带入21世纪。大家认为，这七家馆虽然隶属单位不同，规模大小不同，但都属于人物类型的博物馆，而且这七位文化名人虽然所属领域和经历不同，但有许多共性，生前有着千丝万缕的联系，这些都是进行馆际合作的良好基础。于是开始尝试着以“用什么样的时代精神跨世纪”为宣传背景，整合资源，优势互补，联合向社会推出20世纪文化名人的系列文化活动。

接下来，七馆尝试着与中小学联手开展游京城名人故居、与《中国民航》《中国之翼》杂志合作，以“京城何处访名居”为题，分别宣传这七家名人故居纪念馆。之后，召开新闻发布会，发售了由徐悲鸿夫人廖静文亲笔题写的“追寻世纪名人”纪念联票。以后于2007年联合发售联票的是北京鲁迅博物馆、郭沫若纪念馆、茅盾故居、梅兰芳纪念馆五家馆，由时任文化部部长孙家正在票上题写了“珍藏历史　启迪未来”。联票既给观众带来了实惠，又引来了门票收藏爱好者的关注。

在第一版联票发售后，接着又举办“中学语文名家名篇与名人纪念馆座谈会”等系列文化活动，首次冲破馆际界限，开展深度合作。2002年由宋庆龄故居、北京鲁迅博物馆、郭沫若纪念馆、茅盾故居、老舍纪念馆、梅兰芳纪念馆六馆（徐悲鸿纪念馆因故除外），每个馆出资2000元，用“易拉宝”形式联合推出了第一个流动展览“世纪名人万里行”。当年5月17日，展览出发仪式在宋庆龄故居举行。当时的国家文物局副局长郑欣淼、中共北京市委宣传部副部长宋贵伦、北京市文物局副局长舒小峰及北京市教委德育处、六家名人故居纪念馆的领导和200余名中小学学生参加了巡展出发仪式。出发仪式由宋庆龄故居管理中心主任何大章主持。鲁迅之子周海婴、郭沫若之女郭平英、茅盾之子韦韬、老舍之女舒济、梅兰芳之子梅葆玖参加了展览出发式。梅葆玖先生深情地说："今天为展览送行，日后还要为展览接风。"展览一走就是十几年，一站接一站，从京内到京外、海外，每年都有不同的主题，引起了社会的广泛互动，所以至今也未能被"接风"。这些名人之后的齐聚是第一次，也是最后一次，因为其中的周海婴先生、韦韬先生已经永远离开了我们。

▲ 2001年、2003年、2005年、2007年名人故居纪念馆发售的参观联票

▲ 2002 年“世纪名人万里行”展览出发仪式

第一次被誉为博物馆界的“乌兰牧骑”

2002 年 5 月 18 日，北京市文物局组织北京地区的博物馆，在有着“金街”之誉的北京王府井大街举行“5・18 国际博物馆日”的宣传活动。当年国际博物馆协会确定的主题为“博物馆全球化”，这个主题的含义就是博物馆已经开始作为社会大教育系统、社会大文化系统的一部分，在将观众迎进来的同时，也应该将展览送出去，深入社区、学校、部队、企事业单位，并应与社会建立广泛的横向联系，形成真正意义上的“没有围墙的博物馆”。

“世纪名人万里行”展览的第一站巡展就来到了每天有数十

万人经过的王府井“金街”。为了营造展览现场气氛和吸引观众参与互动，我们特地请“寒石书法工作室”的师生在现场书写并赠送文化名人的名家名言书法作品，以此来配合展览宣传活动。那天，天气异常炎热，炙热的阳光晒得工作人员和现场书写名家名言的师生皮肤通红、口干舌燥。北京鲁迅博物馆社教部主任郑智及时给大家买来了遮阳伞、矿泉水，可是在场观众情绪高涨，名人故居纪念馆的宣传展位被围得水泄不通，工作人员几乎顾不上打伞、喝水。

▲ 2002 年国家文物局局长张文彬参观“世纪名人万里行”展览

北京市文物局副局长舒小峰、郭沫若纪念馆馆长郭平英陪同国家文物局局长张文彬等参观“世纪名人万里行”展览，重点介绍了名人故居纪念馆的联合宣传活动，张文彬听后称赞名人故居纪念馆的联合宣传形式为博物馆界的“乌兰牧骑”（“乌兰牧骑”，蒙语原意为“红色的嫩芽”，意为红色文化工作队，是活跃在草原农舍和蒙古包之间的文艺团队）。这是名人故居纪念馆这个小集体第一次被誉为博物馆界的“乌兰牧骑”，以后又多次听到北京市文物局博物馆处处长哈骏用“乌兰牧骑”一词向记者介绍八馆联合的情况。

文化名人展览第一次走进“中华老字号”

2002 年 8 月，许多顾客惊奇地发现，在华天饮食集团旗下的鸿宾楼、砂锅居、峨嵋酒家等老字号用餐时，还可以参观宋庆龄、鲁迅、郭沫若、茅盾、老舍、梅兰芳的生平事迹展览。在餐馆里办展览，这对于这六家名人故居纪念馆来讲是第一次，对三家老字号来讲也是头一遭。其实，这是北京六大名人故居纪念馆与北京华天饮食集团联合开展的“世纪名人走进华天老字号文化展”的活动，也是华天集团争做“文化餐”的一次积极举动。这次展览在展示了六大文化名人文化艺术成就的同时，还展示了文化名人与老字号的情缘和逸闻趣事，包括他们为老字号题写的牌匾和诗词等，幸运的观众还得到了这六大名人故居纪念馆的免费参观门票。

乡村小学学生第一次知道展览为何物

2005 年 4 月 12 日，对于距离北京 200 多公里的河北省定州市廉台小学来讲，是一个特殊的日子。对宋庆龄故居、北京鲁迅博物馆、郭沫若纪念馆、茅盾故居、老舍纪念馆、梅兰芳纪念馆这六家名人故居纪念馆来讲，也是一个特殊的日子。“世纪名人万里行”展览捐赠仪式在这里举行，这是六馆联手以来第一次集体进行的文化扶贫活动。

一早，六馆的工作人员就来到学校。学校是一排排的红砖平房，整洁但却显得有些简陋。正是上课时间，琅琅的读书声从破旧的窗户中传出。郭沫若纪念馆馆长郭平英、梅兰芳纪念馆书记宋晨带领我们并在学校领导的陪同下，走进了一间正在上课的教室。同学们看到我们虽然有些好奇，但是还是继续埋头看书。我们看到教室里的一些窗户没有玻璃，而是用砖头砌了起来，歪歪扭扭挂着几幅看不出颜色的窗帘，课桌椅参差不齐，显得非常破旧。校长又领我们参观了图书室，一排靠墙的书架上零散地摆放了几摞书，与其说是书，其实更像一些看不清名字的小册子，看了实在令人心酸。

下课铃响了，我们的展览在院子里也布置好了，学生们一下子就冲到展览前，把我们的讲解人员团团围住，有的同学挤不进来还拼命往里挤。老师告诉我们，这是孩子们第一次见到展览，所以感到非常新鲜。老师一声令下，同学们整齐地坐在了自带的小板凳上，郭平英代表六馆讲话，宋晨则代表六馆向同学们捐赠了书籍及办公和教学用品。每当一个环节完毕，同学们就齐刷刷地鼓起掌来。捐赠仪式一结束，孩子们又把我们的讲解人员团团围住。

▲ 2005 年河北定州廉台乡村小学的同学第一次见到展览

回到北京没几天，我们就收到了校长寄来的感谢信和捐赠目录，学校没有复印机，捐赠目录据说是校长找人用晒图机印出来的。过了些日子，我们又听说，这个学校建新校了。

著名演员与清华学子第一次同台诵读名人经典作品

2005年，国务院发布了《国务院关于加强文化遗产保护工作的通知》，要求进一步加强文化遗产保护工作。其中一项重要举措就是从2006年起，每年6月的第二个星期六为中国的“文化遗产日”。2006年第一个文化遗产日的主题是：保护文化遗产　守护精神家园。结合当年的国际博物馆日主题“博物馆与青少年”，北京市文物局确定将清华大学作为博物馆日宣传分会场，由宋庆龄故居、北京鲁迅博物馆、郭沫若纪念馆、茅盾故居、老舍纪念馆、梅兰芳纪念馆六家名人故居纪念馆与文化部艺术司、中共北京市委宣传部、北京市文物局、中国博物馆学会、北京博物馆学会及新文化运动纪念馆等单位和清华大学团委共同携手于5月17日至23日，在清华大学联合举办“文化名人进校园”系列文化活动。活动以“博物馆与青少年”以及“共有的文明”为主线，分为展览、文艺晚会和论坛三个部分。其中，“共有的文明——名人与文化遗产”展览在清华园的小树林展出。在“纪念5·18国际博物馆日清华大学高校青年论坛”上，北京市文物局局长孔繁峙做了主旨发言，郭沫若纪念馆馆长郭平英、老舍纪念馆馆长舒济、宋庆龄故居管理中心主任何大章代表名人纪念馆作主题为“名人与文化遗产”的演讲。这几家名人纪念馆还向清华大学及部分中小学赠送了图书。其间，“文化名人进校园”文艺晚会在清华大礼堂举行。

5月17日的晚会热闹非凡，晚会由新文化运动纪念馆办公室主任李金光和清华大学学生共同主持，还邀请了中华民族园的表演队、戏剧学院附中、舞蹈学院附中的同学们与清华大学学生共同表演，有歌舞、京剧、器乐演奏等精彩节目。节目最大的亮点是人艺著名演员、郭沫若历史剧《蔡文姬》蔡文姬的扮演者朱琳，以及国家话剧院著名演员刘铁钢、宗平等与清华大学学生共同表演的“青春寄语”节目。“青春寄语”将这次展览所涉及文化名人的作品用新颖的手法串联起来，通过著名演员和学生们的表演，使人耳目一新。表演艺术家殷之光朗诵的《我骄傲，我是中国人》，带给了同学们强大的感召力和震撼。这是同学们第一次与著名演员同台演出，领略到了文化名人所留下的文化遗产的魅力。

▲ 2005 年著名表演艺术家朱琳在清华大学与同学同台朗诵文化名人的作品

第一次实行轮流“坐庄”和“连庄”

从1999年开始策划名人故居纪念馆的牵手合作到2007年，八家名人故居纪念馆合作活动一直由北京鲁迅博物馆社教部主任郑智，梅兰芳纪念馆馆长刘占文、书记宋晨，老舍纪念馆馆长张文生，徐悲鸿纪念馆书记李喜云，宋庆龄故居主任何大章、林洛晏和社教部主任郭静，茅盾故居主任李亦飞，以后是茅盾故居主任郭丽娜等、李大钊故居主任王洁等共同策划组织，由于郭沫若纪念馆馆长郭平英非常支持同行名人故居纪念馆宣传平台的建设，也是最早的八馆联手倡议人之一，所以八馆的组织工作和联络地大多放在了郭沫若纪念馆。直至2008年1月16日，八馆在李大钊故居召开2008年度合作宣传工作会议，总结2007年合作工作并商议2008年合作事宜。会议一致同意从2008年开始，八馆轮流“坐庄”主持年度工作，并推举梅兰芳纪念馆主持2008年度八馆联合宣传工作。这是八馆联手第一次实行轮流“坐庄”制，极大地提高了各馆的积极性，有利于资源的整合和共享，也促进了八馆年轻人的迅速成长。

2012年，北京鲁迅博物馆“坐庄”主持八馆联合工作，在杨阳馆长的大力支持下，社教部主任钱振文博士把八馆联合的工作做得风生水起，策划的“二十世纪文化名人的中国梦”系列活动得到了社会的广泛赞誉。2013年八馆一致同意继续由北京鲁迅博物馆“连庄”主持八馆联合活动。北京鲁迅博物馆不负众望，组织的“大家风范　中国精神——二十世纪文化名人的人格和家风”系列活动，由于主题鲜明，内容丰富，赢得了社会的广泛参

▲ 梅兰芳纪念馆主持下的“文化艺术大课堂”活动启动暨签约仪式

与。北京鲁迅博物馆两年“连庄”确实把八馆的宣传工作提升到了前所未有的高度。

八馆第一次集体过“清明”

八馆的联合，最初就得到了中共北京市委宣传部和北京市文物局的高度重视和大力支持。这两个部门的领导参与了八馆许多活动的策划和具体实施工作。在他们的建议下，八馆非常注重树立品牌意识。由于八馆中除了茅盾故居、老舍纪念馆在北京的东城区之外，其他六家馆都在西城区，因此也得到了中共北京市西城区委宣传部的有力支持。“清明时节缅怀名人走进故居”系列文化活动就是在他们的支持下，树立起的一个品牌活动，至今已经坚持了 7 年。

2008 年，是国务院确定“清明节”为我国法定民俗节日的第一年。当年也是奥运之年，3月21日，梅兰芳纪念馆书记宋晨等代表八馆参加中共北京市委宣传部组织的协调会议，汇报了八馆准备在京城开展“清明时节缅怀名人走进故居”系列文化活动的方案。介绍了开展此项活动的原因是清明习俗承载着厚重的中华文明，也凝聚着许多民族情感。随着时代的进步，在崇尚科学、反对迷信、构建和谐的今天，现代文明要求人们革除陋习，弘扬倡导新礼仪、新风尚，提倡文明的祭奠习俗。八馆有责任率先在国家确定的首个民俗日——清明节，倡导科学、健康、安全、环保的民俗活动，在清明时节推出一系列文化活动，就是让人们在祭奠亲人的同时，走进名人故居纪念馆，在踏青出游的同时，追思先辈功绩，传承民族文化。

八馆第一次集体过“清明”的活动之一就是从4月1日起，悬挂“清明时节缅怀名人走进故居”的横幅宣传标识，正式拉开清明节宣传活动的序幕。李大钊故居举办“宣誓明志　缅怀先烈——纪念李大钊英勇就义81周年暨故居开放一周年”纪念活动；郭沫若纪念馆举办“友人追忆郭沫若”活动；老舍纪念馆举办“老舍离去的日子”小型展览；梅兰芳纪念馆举办“我眼中的文化名人——从一个中学生视角看文化名人系列活动测试（之一）”活动。4月4日当日，八馆同时举办了“敬献鲜花缅怀名人”活动。

活动之二是4月2日下午3时，八馆在位于西城区后海的曾为国家名誉主席宋庆龄同志的故居举行与北京青年政治学院青年志愿者的签约仪式。北京青年政治学院的青年志愿者特别选定在清明时节与八馆签约，志愿者为博物馆提供服务和充当讲解员，

▲"清明时节缅怀名人走进故居"活动

以实际行动学习中华名人、宣传中华名人。同时，他们还向全社会的青年朋友发出倡议：号召青年朋友以团体或个人的形式到名人故居当志愿者，为广大游人介绍名人事迹；倡议在校园中深入开展弘扬民族文化的主题活动，向青年学子传播历史火种；向全社会传播中华民族优秀文化，做弘扬中华民族传统文化的时代先锋。仪式上名人故居、纪念馆的工作人员与青年志愿者一道朗诵名家名篇。八馆的"漫步名人故居"展览也在宋庆龄故居同时展出，由青年志愿者现场讲解。

活动之三是与新闻单位联手，用文字、图片等形式宣传名人的生死观以及他们怀念亲人的方式等，以寄托缅怀和追思之情。

八馆联合推出的"清明时节缅怀名人走进故居"系列文化活动，为传统的民俗节日赋予新的内容和形式，把传统的追忆先人的活动提升到缅怀为中华民族做出过特殊贡献的历史名人，从而丰富民族节日的内涵，触动人们的情感世界，将中华民族的传统美德发扬光大。

文化名人展览第一次在北京十八个区县同步展出

2009 年是一个不平凡之年。90 年前五四运动爆发，60 年前新中国成立，是中国现代史上的两大重要里程碑。为了让"五四"文化名人生平事迹穿越时空，走近大众、走近百姓，使大众了解名人，共同感受名人的思想与人格魅力，八家名人故居纪念馆与北京市委社会工作委员会和首都精神文明建设委员会办公室多次商议，策划联合举办一个以"穿越时空"为主题的"五四"

文化名人事迹展。展览以“1919”“1949”为关键数字，以八大文化名人为主体，记录了令人难忘的历史时刻。

在5月4日这一天，北京市的这两家主办单位，召集了东城区、西城区、崇文区、宣武区、朝阳区、海淀区、丰台区、石景山区、门头沟区、房山区、通州区、顺义区、昌平区、大兴区、平谷区、怀柔区、密云县、延庆县等北京市十八个区县委社会工作委员会、北京市十八个区县精神文明建设委员会办公室的负责同志，共同参加在西城区金融街社区举办的进社区活动启动仪式。

这项活动是北京市社会建设工作领导小组办公室会同有关单位开展的“迎接国庆、服务社会、构建和谐、促进发展”系列活动的一个重要组成部分，是主办单位充分发挥首都文化资源优势，丰富群众生活，增强社区的凝聚力，促进和谐社区建设的一次尝试和探索。八馆及时抓住了这个契机，目的是以名人故居纪念馆为纽带，以社区为平台，以市民为主体，努力弘

▲ 2009年5月4日，“穿越时空‘五四’文化名人事迹展览进社区”启动仪式

扬“五四”文化精神，营造蓬勃向上、欢乐祥和的社区人文环境，鼓舞广大市民以开拓奋进、再创佳绩的精神风貌迎接新中国成立六十周年。

展览启动仪式结束时，梅兰芳纪念馆馆长刘占文代表八馆向北京十八个区县赠送展览品各一套。这是八馆的展览第一次同步覆盖北京的十八个区县，真正意义上实现了让八位“五四”文化名人的事迹、精神穿越时空的目的。

第一次八馆对八馆

2009年，郭沫若纪念馆还隶属于中国社会科学院历史研究所。历史研究所与宁波的天一阁博物馆建立了良好的战略合作关系。由历史研究所党委书记刘荣军牵头，由“坐庄”单位茅盾故居主任郭丽娜精心组织，以庆祝中华人民共和国成立六十周年为主题，八家名人故居纪念馆与宁波的天一阁博物馆、宁波博物馆、慈溪博物馆、余姚博物馆、北仑博物馆、镇海口海防历史纪念馆、潘天寿书画馆、溪口博物馆八家博物馆，两地十六家博物馆商议携手共同举办“文化名人与新中国”展览。

这个展览9月10日在北京的郭沫若纪念馆和宁波天一阁博物馆同时展出，并于当日两地十六家博物馆在宁波天一阁博物馆举办了隆重的开幕仪式。活动还包括与宁波读者的座谈会以及两地十六家博物馆的同行学术交流会等活动。

两地十六家博物馆向社会推出的展览及系列文化活动是博物馆界的一件大事。这个展览让人们看到了宋庆龄为夺取抗日战争的胜利，争取国内国际援助奔波劳碌的身影；李大钊为马列主义在中国的传播和对中国革命道路理论的研究和探索；鲁迅为改变国民精神的呐喊；郭沫若、茅盾、老舍为新中国文化事业的献身；徐悲鸿、梅兰芳为民族艺术辉煌的奋斗精神。他们身上典型地体现了可贵的民族精神，这是博物馆进行爱国主义教育的好教材，也是这十六家博物馆落实《中共中央宣传部关于围绕庆祝新中国成立六十周年深入开展群众性爱国主义教育活动的意见》的一次大规模的教育活动。

两地十六家博物馆特地选在“教师节”举办系列文化活动，就是希望以“文化名人与新中国”展览的巡展活动为起点，与社会特别是青少年携手，把深入开展群众性爱国主义宣传的活动一站一站地进行下去。巡展活动持续了三个月，两地十六家博物馆为整个博物馆界的强强联合带了个好头。

▲ 2009 年 9 月，“文化名人与新中国”在天一阁博物馆举行展览开幕式

第一次由外国警察护卫展览的开幕式

“中华名人展”是八家名人故居纪念馆进行海外巡展的精品项目，希望通过介绍中华民族的优秀人物、杰出代表，让全世界的人民更加全面、立体地了解中国，以促进中国和国际的文化交流，增进人民之间的友谊。

从八馆牵手至今，“中华名人展”已经在新加坡、马来西亚、日本、韩国、澳大利亚、法国、巴基斯坦、土耳其成功进行了巡展，并与新西兰、加拿大、意大利、美国、德国等国的博物馆同行、文化机构等就博物馆的运营和科研、文物保护、策展等工作进行了学术访问和文化交流。展览每到一国都引起很大的轰动，特别是当地的华人华侨，更是备感骄傲和自豪。

2013 年 11 月 11 ~ 18 日，应中国驻巴基斯坦大使馆、巴基斯坦驻中国大使馆以及巴基斯坦华人华商协会及巴基斯坦自然历史博物馆的邀请，八家名人故居纪念馆代表团由北京鲁迅博物馆书记、副馆长赵国顺带队，赴巴基斯坦举办“中华名人展”展览和进行博物馆学术交流、座谈。

对中国人来说，巴基斯坦是一个极为友好和亲切的国家。中巴两国有着非常特殊的友好关系，中国和巴基斯坦是“好邻居、好朋友、好伙伴、好兄弟”，更有“巴铁”之称，“巴铁”即中国与巴基斯坦是“铁哥们儿”的意思。1951 年 5 月 21 日，中巴两国正式建立外交关系。建交以来，两国在和平共处五项原则的基础上发展睦邻友好和互利合作关系，经过两国领导人及两国人民多年的努力，中巴之间建立了极为珍贵的友谊，双方在政治、经济和文化领域的交往与合作不断深入。中巴两国新一届政府领导人诞生不久，双方高层领导就实现了互访，而且还签署了旨在进一步推动两国友好合作的文件，其中就包括人文交流，“中华名人展”就是在这个背景下举办的。

当地时间2013年11月12日下午，位于伊斯兰堡的巴基斯坦自然历史博物馆举办了隆重的“中华名人展”开幕式。中国驻巴基斯坦大使孙卫东，巴基斯坦科学技术部部长扎哈德·哈马德，巴基斯坦信息广播及自然遗产部常务秘书拉兹尔·萨义德，联秘马苏德·艾哈默德、穆罕默德·比拉尔，巴基斯坦科技部科技基金会主席哈立德·艾哈默德·艾部普图，巴基斯坦自然历史博物馆馆长穆罕默德·阿塔，中国驻巴基斯坦大使馆文化参赞张英宝以及当地的华人华商、留学生和巴基斯坦各界人士200余人出席了开幕式，为了确保开幕式顺利进行，巴方实施了严密的安保工作，数十名警察参与了安保工作。开幕式在巴基斯坦自然历史博物馆外的广场举办，双方热情地致辞，进行剪彩，穿着民族盛装的少女献上花朵，开幕式后，所有的来宾在临时搭建的室外帐篷里一边吃着特色小吃，一边轻松地交谈，既欢快又愉悦。

除了这次展览第一次有很多警察做安保工作之外，巴基斯坦之行还创造了八馆海外巡展的两个第一次：讲解第一次由中国驻巴基斯坦大使孙卫东担任，孙大使儒雅的气质、渊博的学识、流利的英语给人们留下了深刻的印象；八馆代表团无论走到哪儿，都被热情的巴基斯坦人民包围、拍照，受到了国宾级待遇，而亲历两国人民之间真正的友谊，对每一位代表团成员来讲都是第

▼2013年11月巴基斯坦自然历史博物馆馆长向“中华名人展”团代表赠送纪念品

▲ 中国驻巴基斯坦大使孙卫东为巴基斯坦国家科技部部长讲解

▲ 守护展览现场的巴基斯坦安保人员

一次。

八馆牵手的十五年里，还有许许多多的“第一次”，比如，展览第一次在一年内走进北京22所高校、第一次走进少年管教所、第一次走进女子劳教所，八馆的展览活动第一次获奖、展览第一次有180万人参观，等等。这些“第一次”无不凝结着八馆工作人员的心血。在庆贺八馆联合十五年之际，我们怀着深深的敬意首先要感谢宋庆龄、李大钊、鲁迅、郭沫若、茅盾、老舍、徐悲鸿、梅兰芳八位文化名人，他们给我们留下了丰厚的精神和文化遗产。同时，也更加想念那些为八馆联合做出了巨大贡献的前辈和同行们，他们有的光荣退休，有的因工作需要离开我们的队伍。八馆合作能够走到今天，靠的不是一个人的力量，也不是一个馆的力量，而是“合力”；更要感谢曾经和正在为文化名人的宣传和八馆合作做出默默奉献的工作人员，大家齐心协力，开拓创新，赢得了喝彩，尤其是中共北京市委宣传部、北京市文物局、首都博物馆大联盟、中共北京市西城区委宣传部、北京博物馆学会和八家名人故居纪念馆的上级单位；同时要感谢同行博物馆以及社会各界的鼎力支持与合作。十五年间，需要感谢的单位太多，需要感谢的人更多，能够表达这些感激之情的唯一做法，就是要齐心协力，坚持合作，把为中华民族做出过特殊贡献的这些文化名人的宣传工作做好，服务社会，服务观众。

如今，新的一批高学历的馆领导和工作人员的加入，带来了新的活力和生机。衷心祝愿八馆这个小小的联合体永远站在时代的前沿，以鲜明的主题传递正能量，创造更多的“第一次”。

（赵笑洁　郭沫若纪念馆副馆长）

回想·回响

——“八家名人故居纪念馆”15周年访谈录

在北京博物馆界有一支被誉为“博物馆界的乌兰牧骑”的队伍，这就是由宋庆龄故居、李大钊故居、北京鲁迅博物馆、郭沫若纪念馆、茅盾故居、老舍纪念馆、徐悲鸿纪念馆、梅兰芳纪念馆组成的八家名人纪念馆联合体。自2000年以来，这个联合体已经走过了15年的发展壮大之路，通过合作开展展览文化活动，为整个文化界、博物馆界贡献了一分力量，在社会上取得了良好的反响。值此15周年纪念之际，为回顾八馆走过的历程，总结其间的得失，获取活动的反馈信息，我们邀请了12位曾参与过八馆活动或与八馆有过密切联系的相关人士进行了一次系列访谈，以此作为对今后工作的鞭策和激励。

参与本次访谈的受访人有（依采访时间顺序排列）：

郑　智（北京鲁迅博物馆原社教部主任）

刘燕玲（北京博物馆学会副秘书长）

崔学谙（北京博物馆学会常务副理事长兼秘书长）

刘超英（北京市文物局副局长）

哈　骏（北京市文物局博物馆处处长）

马　毅（北京考古学会秘书长）

刘荣军（中国社会科学院历史研究所原党委书记）

崔民选（郭沫若纪念馆馆长）

杨玉莲（老舍纪念馆馆长）

程　旭（首都博物馆展览设计师）

舒　济（老舍之女，老舍纪念馆原馆长，老舍纪念馆名誉馆长）

郭平英（郭沫若之女，郭沫若纪念馆原馆长）

访谈录中采访、整理工作除特别注明者外，其他由郭沫若纪念馆梁雪松（以下简称郭沫若纪念馆）完成。

◎郑智："名人应该走近百姓，博物馆不能等同于殿堂。"

郭沫若纪念馆：您好！您应该是名人纪念馆联合活动最早的发起人之一，您可以谈谈当时的情况吗？

郑智：八馆合作活动的最初设想出自北京鲁迅博物馆和郭沫若纪念馆。20 世纪 90 年代末，名人故居纪念馆，甚至整个博物馆行业都处于低谷。名人故居纪念馆大多门庭冷落，面对这一情况，我曾在某次博物馆会议上发言："名人作为民族精神的传播者，现今因为他们的故居地处胡同深处而无法被一般观众了解。名人应该走近百姓，博物馆不能等同于殿堂。"这一想法与郭沫若纪念馆的同志一拍即合，从而有了名人故居纪念馆最初的合作尝试。一开始除北京鲁迅博物馆和郭沫若纪念馆外还有梅兰芳纪念馆、茅盾故居、宋庆龄纪念馆、徐悲鸿纪念馆加入，几个馆联合发行了联票。当时的设想很简单，就是想让观众用一张票多看几个馆，不仅使观众受益，也能起到纪念馆相互宣传的作用。参加那次活动的几家故居纪念馆可以说是白手起家，当时各单位没有这方面的专项经费，连印制联票的钱都很难筹措，最后梅兰芳馆的刘占文馆长出了很大的力，解决了资金问题。名人纪念馆的合作就这样起步，之后声势日益壮大，组织过“六个一”“中华名人万里行”等活动，一直到发展成如今的八馆。组织的活动也越来越多地得到北京市政府、市文物局、北京博物馆学会等有关部门的认可和支持。

郭沫若纪念馆：经过15年的发展，八馆形成现在的合作模式，您看这是不是一种资源共享模式呢？

郑智：应该说，现在的八馆合作已经不是简单层面上的资源共享，而成为一种把几家故居纪念馆资源有效整合并最大化的机制。在这种机制下，把握他们之间的关系，把他们还原到历史舞台应该的位置，提炼他们共同的精神，从而形成文化合力，形成拳头打出去，让普通观众更加接受、更加了解这一切，便是我们的目的。同时八馆结合时代精神，明确工作重点，将宣传历史名人文化遗产与弘扬当今时代精神相结合，才会有今天的成果。国家的、民族的精神，文化的精华是可以传承的，八馆应该把其提炼得更为精练鲜明。八馆是在一批有志于博物馆事业的“热心人”“牵头人”的带动下走到今天的，应该继续下去，保证抓住“文化”这一主题不放。

（采访时间：2014年11月16日）

◎刘燕玲："八馆活动特色鲜明，切合党和国家宣传的主旋律。"

郭沫若纪念馆：在博物馆界，与八馆合作最多的就是北京博物馆学会了。在一直以来的合作活动中，您有什么感受呢？

刘燕玲：我接触八馆活动时间比较早，主要是因为博物馆学会经常和八馆一起联动，有各种合作。在合作中，我觉得八馆活动特色鲜明，切合党和国家宣传的主旋律，服务现实，服务百姓，且能长期坚持，这是难能可贵的。

郭沫若纪念馆：博物馆学会一直发挥着联系行业内各博物馆的重要作用，您能从您的角度谈谈八馆联合活动的价值所在吗？

刘燕玲：八家名人故居纪念馆的巡展活动已经成为首都博物馆界的一个品牌，得到了社会各方面的认可。八馆所有活动都紧扣20世纪文化名人的特征，不仅立足首都，也把文化带出了北京，走向了世界。这些文化名人值得弘扬的文化事迹很多，但做好这一工作的基础在于好的组合、好的团队，以及持之以恒的坚持，你们都做到了。你们"走出去"的做法，让大家进一步了解了名人，进一步了解了中国文化，也进一步了解了博物馆，促进了博物馆事业的发展。站在博物馆学会的角度，我们会继续支持你们的工作。现如今的八馆队伍实现了高效率的合作，这是学会需要努力的方向，也是可以向其他博物馆推广的经验。

（采访时间：2014年11月16日）

◎崔学谙："名人是一种文化现象，文化名人所代表的是民族文化。"

郭沫若纪念馆：您是博物馆界的老专家了，在您的印象里是什么时候接触到八馆的呢？

崔学谙：我接触八馆是到博物馆学会后，通过和八馆合作组织活动才开始的，应该说比较晚，所以对于八馆活动我没有什么发言权，但是在这里可以说说对于名人纪念馆行业的一点看法。刚才郑智说名人纪念馆曾陷入门庭冷落的境地。我要说的是，即使在国外，名人纪念馆也存在观众人多人少的情况。其中观众比较多的纪念馆，所依靠的是自发的、有效的宣传工作。如莫扎特故居，它名声在外与那里曾经是电影拍摄地不无关系。而且它还通过不同手段进一步扩大社会影响，江泽民同志于 1999 年 3 月 30 日曾访问那里，并亲自演奏一曲，相关的宣传使莫扎特馆给国人留下了很深的印象。

郭沫若纪念馆：的确，在名人故居保护利用方面，很多国外经验具有借鉴意义。那么在国内，博物馆（名人纪念馆）这一行业作为国家整个文化事业的一部分，当下应该注意一些什么因素呢？

崔学谙：应该说，名人是一种文化现象，文化名人所代表的是民族文化。但文化范畴中有很多东西，并不是普通民众可以直接接纳领会的，也就是这些名人越来越难以为民众接受。八馆却把握住了八位 20 世纪文化名人所代表的民族文化的内涵。仔细考量他们的生活经历就可以发现他们在 20 世纪上半叶发挥的巨大作用，是因为中国正处于危亡的时刻，他们的选择就是为中华民族救亡图存竭尽自己之力，将支持他们前行的民族文化精神的核心归结为一点就是“爱国”。八馆一直以来工作成效显著，外在看得益于活动的多样化，但归根到底是把握住了这些名人的精神实质及其深层的精髓，并且把他们所代表的这种精神实实在在地展现了出来，因此会得到普通民众的认可。更重要的是在国外也获得了外国观众的认可，要知道，外国人第一认可的是我们的民族文化，是我们的民族精神之所在。

八馆的活动要坚持下去，要再接再厉，立足于“民族文化”“民族精神”，要充分反映博物馆的专业能力。同时进一步加大活动宣传的“量”，加大活动宣传的“力度”，大力“走出去”。如果人力和物力出现了不足，可以尝试新的运作方式，如可以采用“项目打包”等合作模式。但主题不能脱离“文化”，主题应该与社会主义核心价值观相联系。

（采访时间：2014 年 11 月 16 日）

◎刘超英：“八馆合作体现着中国博物馆的特色。”

郭沫若纪念馆：您对八馆最深刻的记忆是什么呢？

刘超英：我对八馆最深的记忆是你们创业初期每馆出 2000 元合办展览的事，现在回忆起来，当时展览条件真的很差，为了固定展板要在后面堆砖头、压沙袋。巡回展览、临时展览这类形式在博物馆行业内并不少见，但一下子有这么多馆合作办展，之前还真是没有过。此后北京市文物局一直把八馆作为一个品牌来对待，来扶持，因为八馆合作起点高，定位也高，展览不拘泥于简单形式，而重视文化内涵的发掘。我印象里最初不是八个故居纪念馆联合，当时我还在博物馆处，当时好像是五个馆合作，之后逐渐发展到现在这样的规模，这就体现出了合作的力量。

郭沫若纪念馆：如此说来，这十五年您是看着八馆一步步走过来的，在这一过程中，您感觉有什么变化呢？

刘超英：怎么说呢？应该说八馆这一联合体在成长过程中形成了自己的特色。

第一，一直不断总结、不断提升。现在，无论在展览活动内容的设计，还是馆与馆之间的合作模式，有创新，社会影响力不断提升。应该说八馆的影响力越来越大，辐射面越来越广。第二，活动与国家社会热点紧密结合，展览工作配合党和国家的中心工作进行。如曾经做过的主题有“名人与青少年”“博物馆与社区”“名人与新中国”“文化名人与文化遗产”“20 世纪文化名人的中国梦”等，2014 年的主题“大家风范　中国精神——20 世纪文化名人的人格和家风”，这些展览主题的确定符合国家宣传工作需要，往往又结合博物馆实际，如八馆每年活动主题都是结合国际博协的博物馆日主题和年度宣传主题而确定的，展览内容很接地气，所以社会影响力不错，社会教育效果也好。第三，不断探索完善自己的合作模式。八馆的合作，开始是由一两个骨干提出工作思路，大家合作执行。后来逐步创新，有时提出主题，大家研讨合作的情况；有时各馆轮流“坐庄”，一馆主持工作，其他馆搭台配合。这种相对固定的长期合作在博物馆行业内是首屈一指的。

郭沫若纪念馆：谢谢您的认可。未来八馆会再接再厉，继续前进。您可以站在行业主管的角度谈谈八馆未来发展应该注意什么吗？

刘超英：作为行业主管部门，市文物局对这个活动项目一直很关注，但是说起支持力度很惭愧。包括品牌推广方面，我们今后还要再加强。八馆经验非常适合利用文物局行业主管这个平台进行更多的推介，推广这个项目，推广这种合作模式。八馆合作体现了中国博物馆的特色，我们可以看到国外博物馆也有巡回展览项目，但他们的目的大多在于以此为手段吸引观众到博物馆去，再围绕博物馆开展相关活动。而在现阶段，我国经济文化处于一个发展上升的过程之中，广大民众还没有养成参观博物馆的习惯。在节奏紧张的社会生活中，观众很难有空闲时间去参观博物馆，面对这种境况，博物馆人应该主动发挥自己的作用，去培养观众群体。八馆的活动恰好起到了很重要的补充作用，你们的巡展深入企事业单位、学校、部队、社区以及外省市，确实发挥了博物馆的作用。博物馆本身的宗旨就是保存、传承、传播精神文化。八馆展览跨出国门，文化这种东西是比较能打动人心的，容易被其他国家观众所接受。现在常说西方实行文化侵略，其实我们更应该让“中国文化‘走出去’”。20 世纪这八位文化名人与国外有着千丝万缕的联系，宣传他们，展示中国现代文化发展的脉络，更容易被其他国家民众接受，这比单纯进行政治宣传收效更好。博物馆是最适合带着“中国文化‘走出去’”的机构，博物馆收藏本身就是中国优秀文化的物质载体。八馆活动则是推动“文化‘走出去’”的有力抓手，通过对这几位文化艺术界名人的展示，把中国艺术带出去，把中国文化中“人性”“爱”“爱国”等永恒的主题凸显出来，这都是全世界接受和认可的方式。

（采访时间：2014 年 12 月 8 日）

◎哈骏：“我印象最深刻的就是每年‘5·18’博物馆日都会有你们的声音。”

郭沫若纪念馆：您能从博物馆处的角度，谈谈八馆合作所发挥的作用吗？

哈骏：八馆是北京博物馆界名副其实的“乌兰牧骑”，几家名人纪念馆组合成的这个小联盟，持续时间长，不断有好的活动推出。我印象最深刻的就是每年“5·18”博物馆日都会有你们的声音。你们的活动又是为博物馆日增光添彩的重要组成部分。实际来说，八馆合作这么久已经形成了一种有代表性的博物馆运营模式，大家取长补短，避免了经费不足、人力有限等问题。作为北京地区一个小型博物馆联盟的典范，八馆多年来一直受市委、市政府的关注。

郭沫若纪念馆：您谈到八馆合作是一个典范、一种模式。作为“首都博物馆联盟”的一部分，八家名人纪念馆这个小组合相对成熟。您可以谈谈这种行业内联合具有哪些实践意义吗？

哈骏：这几位名人有共性，他们共同见证了中华民族重新崛起的过程，每一位都与中国由半殖民地半封建社会到再次繁荣富强的历史进程发生着关系，或者说正是以他们为代表的这代人铸就了中国重新崛起的文化脊梁。这一共同点是八馆组合形成的内在因素。

八馆中宋庆龄纪念馆、北京鲁迅博物馆、郭沫若纪念馆都应该算是大馆，各自又隶属于不同的上级部门，其他几个馆也类似，这正是北京地区博物馆的一种实际情况。而在八馆组合中，大家通过自己各自的关系，发掘不同层次的资源，这是好事。八馆通过这种合作探索形成一种同类型博物馆联合的机制，成员共同策划，利用各自馆藏文物资源、人力资源、社会资源，以展览文化活动来拓道弘扬历史名人的文化精神的渠道，传播文化。这是一种创新，在北京博物馆联盟提出前，博物馆界只有八馆曾经尝试，并最终形成了相对固定的组合，产生了一定的社会影响力。

郭沫若纪念馆：谢谢您，您能说说对八馆的印象吗？

哈骏：最后说说我个人和八馆的故事吧！我最早知道八馆还在中国航空博物馆，当时也是“5·18”博物馆日活动，会场设在中国航空博物馆。2005 年转业到市文物局工作后才真正开始了和八馆的合作。印象最深刻的是 2006 年博物馆日活动，在清华大学和北京大学举办展览，布展工作完成后工作人员一起挤郭沫若纪念馆赵馆长的小奥拓车回家，仿佛就在昨天。那一次活动很成功，在清华大学做了展览系列活动，请了舒济、郭平英等名人之后到场，还请了北京人艺朱琳老师来演出。八馆这样一个组合能坚持这么长时间，馆际合作能这么融洽，社会影响这么大，太可贵了。现在活动范围不仅局限于北京，而且推向全国，甚至国外，真正做到了“文化‘走出去’，文化名人‘走出去’”，这才是最有意义的。中国文化“走出去”，只有通过文化名人才会更有感染力，没有人的因素铺垫的物质展示是无法形成文化影响力的。八馆活动应该坚持下去，只要坚持影响就会越来越大，效果也会越来越好，呈等比级数地放大。

（采访时间：2014 年 12 月 8 日）

◎马毅：“文化名人对于一个城市一个国家，即使不是灵魂，也是画龙点睛的‘睛’。名人不单单只是城市、国家的名片，更是使后者灵动起来的要素。”

郭沫若纪念馆：您一直在从事文物保护工作，与名人故居纪念馆有着直接的工作联系。您可以谈谈在名人故居保护方面应注意的问题吗？

马毅：和八馆结识正是源于这种工作关系。因工作需要，我一直关注名人纪念馆的保护和名人故居的保护。我曾经思考过，名人故居的保护模式是否应该向国外学习：以非官方保护为主，官方的行政手段为辅。尽量保持故居的原始状态，让后人感觉体味原主人在世时的生活状态、氛围，从而形成心灵上的交流。以这种更为亲切的方式传递出故居的内涵，不做过多解释，尽量不干涉故居存在状态，类似文物的修旧如旧、不干预原则。实际上，现在也有很多故居还有人居住，比如程砚秋故居，正是这种原生状态下，建筑、内在实物、居住者的生活史三位一体向来访者诉说名人的故事，也许你还有幸可以和依旧住在此的名人之后有所交流，这是多么好的一种文化经历呢！我一直期待着这个行业可以有所改观，结果和八馆走到了一起。

郭沫若纪念馆：您对于故居保护的理念很贴近文物保护的理念。那么八馆工作又起到了什么样的作用呢？

马毅：对于八馆活动的意义何在，我想说两个亲身经历。

我曾去过柬埔寨，当时的地陪是祖籍潮州的第三代华侨。聊天时我问他都知道哪些祖国的名人，他思考了半天，说只知道孙悟空、诸葛亮。当时陈凯歌导演的电影《梅兰芳》正上映，问该地陪是否知道梅兰芳，他竟也不知道。再有，我们北京考古学会曾在郭沫若纪念馆设有办公室，有人来办事，告之地址为郭沫若纪念馆，对方问："郭沫若是何许人？"现在社会民众普遍对中国历史人物，尤其是近现代人物事件缺乏认知。而如前者的地陪，虽是第三代华侨，但生活在东南亚的柬埔寨，却对中国文化如此生疏，可见扩大中国文化影响力的工作有多迫切。

在这些方面，八馆活动获得了不错的成效，并且成为行业内的一种风尚。应该说这是名人故居保护的一个新方向。文化名人对于一个城市一个国家，即使不是灵魂，也是画龙点睛的"睛"。名人不单单只是城市、国家的名片，更是使后者灵动起来的要素。比如，北京保存了历代多少宫殿、庙宇，但真正付之予北京气息的不正是曾经居住于此的人吗？现在使其充满文化气息的不正是这些名人故居吗？八馆"走出去"，是一种自发的行为，但是对博物馆行业，相关学术研究，名人故居内在价值的发掘与进一步保护都是有重要意义的。

（采访时间：2014 年 12 月 10 日）

◎刘荣军："八馆是中华文化对外的一个窗口。"

郭沫若纪念馆：您的身份很特殊，可以谈谈您是怎么和八馆发生关系的吗？

刘荣军：因为中国社会科学院历史研究所曾和郭沫若纪念馆之间有过隶属关系，郭沫若纪念馆在2002~2012年划归历史所，由我分管郭沫若纪念馆工作并开始接触八馆。当时有点不解，这并非你们馆的本职工作吧？但之后这一认识逐渐发生了改观。在2000年左右，博物馆在老百姓心中的分量还不是很重。对于一般民众，生活休闲更喜欢选择热闹的，易于发泄工作紧张情绪的文化场所，比如影剧院、歌厅、游乐场等。一般人认为，到博物馆就是学习，就是吸取知识。现在看来，把几位名人结合在一起宣传，把几家馆联合在一起活动这个创想是很超前的。15年一直做下来，成效、反响都不错，开拓出了一块文化宣传的新阵地。我曾和中国社会科学院领导说过：郭沫若纪念馆是社科院的一个对外窗口，发挥着和社科院院报、院网一样的作用。八馆也是如此，是中华文化对外的一个窗口。

郭沫若纪念馆：您提到了八馆具有文化窗口的作用，可以更深入地谈谈这方面的看法吗？

刘荣军：从文化传播来看。八馆合作肯定比一个馆单枪匹马独自活动有效果。这几位名人从事领域不同，在人们心中的地位也不同，有的观众可能关注梅兰芳、徐悲鸿，有的可能关注老舍、郭沫若。但把他们放在一起，扩大了观众接受面，形成了宣传的合力。

从对外宣传来看。我们国家对于本民族文化名人的对外宣传重视还不够。现在国家对外展示更多的是经济实力以及政治外交层面。面对外来文化的渗透，我们文化输出的手段比较单一，比如孔子学院等。在这方面八馆的对外宣传活动其实已经做到了许多政府部门外宣工作中没有想到的事，以非官方的方式，向外国观众传递了中国文化，传递了中国官方的主流价值观。应该说八馆外展活动的作用是不可低估的。

从文化传承来看。中国传统文化的继承和发扬并不是在短期就可以有多大的作为，不是你需要它就能让它发挥作用，它是一个潜移默化的过程，需要长时间的耕耘才能结出果实。但站在社会发展的角度，可以看到经济发展到一定程度，社会发展前进的支撑点必然转向文化。八馆 15 年的历程是一种坚持，是文化传承长期性的表现。

对八馆自身来说，你们传承的不仅是中华名人的优秀文化，还有一层是要把 15 年来形成的“八馆文化”传承下去，把八馆人员的默契合作，八馆开拓的名人故居纪念馆事业传承下去；要坚持现在的发展势头，继续像现在一样先做出成绩，获得更广泛的社会认可。2015 年是反法西斯战争胜利 70 周年，是一个很好的契机，期待着你们的活动。

（采访时间：2014 年 12 月 10 日）

◎崔民选："名人纪念馆必须和社会结合，使名人为社会接受，但不应通过'俗化'名人的手段，而应立足于发掘其文化精神的内涵。"

郭沫若纪念馆：您是2012年来郭沫若纪念馆工作的，您之前应该并未接触过博物馆工作。那么最初参与八馆活动时您有什么感受呢？

崔民选：2012年我来到郭沫若纪念馆，当时参加了八馆赴法国巡展的活动。活动中发生的一件事至今印象很深刻。来看展览的观众中有一位法航的首席顾问，是一位华人，看完展览后我们互换了名片，就郭沫若的书法讨论了很长时间。应该看到，虽然身处国外但许多华人对于中国文化名人还是有深厚的感情的。随着工作的深入，我对八馆合作模式以及名人纪念馆类博物馆产生了一些思考。

郭沫若纪念馆：您可以再详细说说您的想法吗？

崔民选：第一，关于八馆的未来组织形式。我是学经济学出身的，谈一点关于博物馆运营的想法。现有八馆合作模式很好，但组织还是有些松散。从企业经济学的角度来看，这种松散的联合方式，在现阶段外宣工作领域可以取得不错的成效，但长期来看在未来的发展中更适合转向以资本为纽带的深层次合作，形成某种开发平台，共同开发新的产品。首先，可以建立一个共同的窗口，如公共网站之类，进一步扩大名人影响，吸纳其他名人进入。其次，各馆都有一些拳头产品，我们可以对它们加以整合。此时无疑需要资本介入，有需求的话可以适当引入第三方资本。最后，以资本纽带推动市场发展可能更有效果。总之，推动松散合作模式向紧密合作的模式转变，通过网站强化对外宣传，合理管理资本纽带，促成一个共同的产品开发平台应该是未来可行的战略。

第二，关于名人纪念馆的发展。文化本身是民族发展的灵魂，历史的见证，而名人正是这一灵魂的核心。对于名人纪念馆来说应该争取国家在政策上更多的扶持。名人纪念馆自身发展必须分析纪念馆本身，名人本身的特色，并将其最大化。名人纪念馆必须和社会结合，使名人为社会接受，但不应通过“俗化”名人的手段，而应立足于发掘其文化精神的内涵。

第三，名人纪念馆与名人家属的关系。对于社会来说，名人是一种真正的财富，某种意义上说，他们不再只属于一个家庭或一个家族，而成为全社会所共有的文化精神宝藏。名人家属作为名人的直接继承者，以他们所具有的社会责任感始终支持着名人纪念馆的发展。

（采访时间：2014 年 12 月 10 日）

◎杨玉莲：“这几位文化名人都是社会精英人物，都是传递社会正能量的典型。宣扬他们符合社会主流价值观，发掘他们身上精神性的东西正是现代社会迫切需要的。”

郭沫若纪念馆：您是最新加入八馆行列中的馆长，而且一来就把八馆的活动推介了出去，您可以谈谈大概的情况吗？

杨玉莲：的确，我刚刚成为八馆一员，我 2014 年 3 月正式来到纪念馆工作，不久就赶上“5·18”博物馆日活动，我首次参加八馆活动。当时在周口店遗址博物馆的活动主会场有咱们八馆联合推出的“大家风范　中国精神——20世纪文化名人的人格和家风”展览。恰好，当时中国妇女儿童博物馆的曾祝馆长也来参加活动，被咱们八馆这个展览所吸引，曾馆长认为一方面“家风”是2014年宣扬社会主义主流价值观的重要方面，另一方面这一主题也特别契合妇女儿童馆的宣传思路，表示出要把我们展览引进妇儿馆的意愿。当然，我已经成为八馆的一员，也希望能为八馆做点什么，就这样一拍即合，促成了八馆与中国妇女儿童博物馆合作，同时在八馆的共同努力下，还配合举办了3场文化讲座，反响还是不错的。

郭沫若纪念馆：之前您听说过八馆的活动吗？

杨玉莲：最早听说八馆是在每年年底北京市文物局的总结会上，局长在总结时总是高度肯定八馆联合巡展所取得的成绩，所以印象深刻，但是对八馆的具体情况并不了解。只是初步感觉老舍纪念馆和徐悲鸿纪念馆是北京市文物局直属的仅有的两家名人馆，相对于其他局内古建类或综合类博物馆来说，他们的活动方式和重点都与众不同，而且能感觉到八馆的合作活动已成为这两个馆的工作亮点。来到老舍纪念馆后，特别是随着对八馆的深入了解，才发现原来八馆的活动之丰富，联系之紧密，影响之深远，已远远超出我最初的概念。因此，我感觉我也很幸运能够加入这个大家庭。

郭沫若纪念馆：您之前是在大钟寺古钟博物馆工作，应该说是博物馆行内人，您可以比较一下其他馆，谈谈八馆活动的特点吗？

杨玉莲：其实各博物馆联合开展活动并不少见，比如我之前所在的博物馆，每年也和其他博物馆进行合作，联合开展文化活动、联合办展，但是相对来说，联系比较松散，需要活动时才彼此组合，和八馆相对固定的合作模式相比有很大不同。

首先，经过多年的磨合，八馆已经形成了自己的运作模式，自成体系，有自己的特色和影响力。做到了每年有系统的年度计划、有贯穿始终的宣传主题、有扎扎实实的具体落实。

其次，八馆每年都选取很鲜明的主题，每年的主题都契合党和国家的大政方针、宣传思路，并贯穿全年始终，保证了活动的影响力。同时八馆在不断的合作中，没有拘泥于老思路，不断挖掘新的发展点，保证了活动的长期性。另外，与其他类型的博物馆注重实物历史价值的展出相比，八馆则更注重对社会主流价值观的把握。

最后，八馆合作充分重视参与者“人”的要素。无论是轮流“坐庄”还是具体项目落实，年轻人和新来者能充分发挥自己的特长，得到锻炼与提高。这一点很重要，因为一些合作往往因组织者失去热情而无法维系。

这八位文化名人都是社会精英人物，都是传递社会正能量的典型。宣扬他们符合社会主流价值观，发掘他们身上精神性的东西正是现代社会迫切需要的。20 世纪文化名人纪念馆与中华名人纪念馆或博物馆相比，还是有社会接受基础的。表面上单独一个纪念馆的藏品内容、硬件设施可能有些单薄，但把他们集中到一起，提炼出他们所承载的精神内在，就十分有意义。弘扬中华优秀文化，传统的宣传手段如宣讲教育之类，现在很难被一般群众接受，宣传效果有限。八馆展览活动通过名人事迹一点点地灌输知识，去影响人的心灵，更加贴近民众，更易被接受。出国展也是如此，一般文物出境展手续复杂，宣传效果有限。而“中华名人展”形式灵活，内容也符合外国观众的理解习惯，宣传效果好得多。

对于老舍纪念馆来说，在业务工作中八馆活动占了很大比重。应该说八馆的活动对老舍纪念馆来说不是补充性的任务，而是必不可少的工作。

（采访时间：2014 年 12 月 17 日）

◎程旭：“主动打造城市精品，把不可移动文物的故居变成一组流动的城市博物馆团队和载体，呈现给社会舞台的是一种稀缺的、不可替代的‘集体记忆’。”

郭沫若纪念馆：作为博物馆设计师，您曾经参与过很多全国人物类博物馆纪念馆改扩建的展览筹备设计工作，您对八馆联手策展活动的实践有什么看法？

程旭：1999 年我曾参与了郭沫若纪念馆陈列和故居复原改造工程，并撰文《郭沫若纪念馆的陈列设计语言》。之后，北京的名人故居几轮改扩建都已经完成，这几乎跟国外人物类纪念馆和名人故居改扩建同一时期完成，从某种意义上看，我们与发达国家处在同一起跑线上，都是改扩建后以全新面孔向该城市的老百姓和全世界敞开大门。八馆联手推送文化品牌展恰好也历经 15

年，这是任何城市都不曾出现的大事件，我一直有所关注。在此说一点感想。

第一，主动打造城市精品，把不可移动文物的故居变成一组流动的城市博物馆团队和载体，呈现给社会舞台的是一种稀缺的、不可替代的“集体记忆”，也是让博物馆走出“馆舍”主动迈入“大千世界”的都市实践和积极主张，很有创新思维和学术价值。

第二，北京名人故居纪念馆的联合活动由初期一种自发的资源互补、量身定制一款人物类博物馆纪念馆专题展览探索模式，平稳过渡到以“人文精神”和“城市精神”双核为主导的城市文化精品，使公众收获到了由“文物”到“人物”的思想空间和哲学维度，特别是针对建构在校大学生的世界观健康思想体系，策展发挥了北京名人纪念馆群落在各大名城市巡展落地生根、开花结果的积极作用。

第三，立足15年经验积累，八馆已形成了稳固的合作开发模式，取得了成熟的城市博物馆选题、策展和运作经验。人物类博物馆纪念馆的研究资源从15年前的独立和个体框架成功地跨入了集体记忆和城市记忆的群体板块之中。这也意味着博物馆要求从业者提升综合素质和战略规划来满足“服务社会、服务公众”的新要求。

“见人、见物、见精神”，八馆团组业绩体现在城市维度上，提前部署城市文化战略、牢牢抓住“5·18”国际博物馆日、学校假期以及人物大事件等黄金时段，与大中型博物馆器物晒宝展形成优势互补，不仅丰富了市民生活，也在社区旅游娱乐导向中探索了新的作为，最难能可贵的是，策展也将党中央的文化要求提炼出一种北京独有的城市人文精神：“以优秀的作品鼓舞人”。这些都将作为城市博物馆意义上的DNA和活化石，具有创新意义的成功实践。

郭沫若纪念馆：您从城市的角度解读“八馆合作”，观点比较新颖，请您结合一些具体的案例深入谈谈纪念馆与城市的关系！

程旭：每个城市都有自己的面孔，一个城市的文脉和肌理决定了这个城市的DNA，这种细胞译码决定一座名城离不开历史人物，城市因名人的存在才有灵性。西方名人博物馆纪念馆建馆历史久远，我每到一座陌生城市马上会联想到城市的精华：名人和博物馆，从而更能理解城市与名人的关系。

随着全球向低碳环保节能化推进，西方地标性建筑结束的时代已经到来，未来的建筑会更加以人为本，更强调渗透在社区网络概念中的“细胞结构”，并把城市密码和文化基因一一导入，这正好可以为名人故居纪念馆找到它最合适的位置。

郭沫若纪念馆：今天，揭示全球名人纪念馆的创意思维，梳理名人纪念馆的改扩建模式，对当下中国人物类博物馆纪念馆改造特别是八馆打造品牌有积极的借鉴作用，请您结合近十年西方名人纪念馆改扩建思路、城市语言的策展战略思想以及发展趋势谈一谈。

程旭：名人故居纪念馆改扩建的城市语言，这个提法很专业也有战略上的思考。

发达国家名人故居博物馆纪念馆改扩建的核心价值是什么？

首先要研究改扩建的城市维度；如何把握改扩建中的深度挖掘；如何厘清改扩建与城市文脉继承与发展的关系，从而给公众什么样的启示。

注重品质——以城市对话而言，故居的改扩建涉及建筑环境规划分析、展览环境分析、艺术品分析；按照人物属性，可将名人故居分为政治家、文学家、科学家、虚构人物、社区遗迹等类型。因早期参与了北京鲁迅博物馆、郭沫若纪念馆、茅盾故居、巴金故居、老舍纪念馆、宋庆龄纪念馆等名人故居改造工作，所以对名人故居的展陈设计十分关注，每到境外都要把深入研究名人故居纪念馆的设计理念放在首位。国外的人物类博物馆给人留下最深刻的印象是，已经坚实地嵌入城市血管里，这种感觉就是融合在城市的血脉里的感觉。

八馆的展览出现了“质”的思辨，策展之初就主动跳出惯性的自身业务范畴，推动战略合作，主动推送巡展活动，成为在时代作用下的社区行为，具有全国示范意义；运作起来有明确的指向性，凸显人物遗址纪念馆除了担负保护不可移动文物遗址保护的功能外，还有继承、传播、学习、转化的城市博物馆作用。

（采访时间：2014 年 12 月 12 日）

对名人之后的专访

◎舒济：“这样的模式打破了行政藩篱，加强了相近单位的横向联系，产生的影响比单个馆独自活动要大很多。”

舒济：过去这么多年，北京八家名人故居联盟推出了一系列文化活动，成绩很大。在北京居住过大批的名人，八家单位联合起来一起活动，一起策划展览并让展览从馆里“走出去”，取得了很好的效果。无论从文化影响还是从政治影响上看，都成绩斐然，应该很好地持续下去。十几年走过的路，要很好地总结，这样的模式打破了行政藩篱，加强了相近单位的横向联系，产生的影响比单个馆独自活动要大很多。我曾经参加过八馆在新加坡、马来西亚的巡展，因为当地的华人多，孙中山和宋庆龄的影响非常大，许多慕名前来观看孙中山、宋庆龄展览的人，也通过活动了解了更多这一时期在北京的其他名人。展览受到当地舞狮欢迎，这超乎想象，感觉非常亲切，令人印象非常深刻。

希望八馆相互联系的机制固定化。在此基础上希望能够在以下方面有所发展。

第一，争取更多的经费，可以使展览影响面更大些。

第二，在不同的地方展览时展览方式应根据不同的地点和对象有所不同。例如在大学展览应侧重学术性和名人刻苦勤奋等方面，虽然都是生平展，应有不同的针对性。

第三，加强数字化展示。这样可以突破常规图片展览的局限，例如，各博物馆可以拍摄一些专题短片、作品片段、录音资料等，通过 U 盘很便捷地带到各地展览中让展览更加新颖、具有吸引力。

第四，展板做完就不再使用，有点可惜；要使其更有组织化，提高利用率。加强与其他单位、部门的联系，让展览“走出去”。

（采访时间：2014 年 12 月 10 日　采访人、整理人：何婷）

◎郭平英："在八馆磨合发展的基础上，现在更有必要认真思考的是如何夯实名人纪念馆的学术基础。"

郭平英：改革开放30余年来，北京陆续有许多名人纪念馆向社会公众开放，但它们大多面临相似的问题，即处于偏僻窄小的街巷胡同之中。这给游客带来了很大的不便，尤其许多外地游客很难找到纪念馆。

20世纪90年代末，这一情况遭到了媒体的灰色炒作，形容北京名人纪念馆"门庭冷落"。当时在上海召开了全国性的人物类纪念馆论坛。在这次论坛的前前后后，北京和上海博物馆同行形成了一种默契，大家都感觉人物类纪念馆应该做一些联合的活动，小型的博物馆间应该合作形成一个大的有整体概念的博物馆群体。在这一想法下，北京几家名人纪念馆联合组织了发行通票的活动。这一结合在随后的磨合过程中，最终形成了现在的八馆（当然一开始并不是这八家纪念馆合作，前前后后也有其他的纪念馆加入、退出）。

在八馆之中还有一个特殊的群体，就是"文学类"名人纪念馆，即鲁迅馆、郭沫若馆、老舍馆、茅盾馆，这几位是完全和中国现代文学同步的大家，针对他们的作品如何和教学结合的问题，当时还搞过一个文化名人博物馆与教育界的研讨活动。活动中，博物馆同人与教育部门负责编写教材的专家，中学从事一线教学的特级教师做过相关学术交流，在博物馆里组织过教学活动。在此之后慢慢形成了八馆的系列活动，不仅在国内举行，也多次走出国门。

我觉得现在八馆的活动已经比较成型，我们可以把这些活动“托”出去，交由文化公司代理。巡展的创意由纪念馆提出，而执行交给文化公司运作，可以不必投入太多人力从事各种重复性强的工作。

在八馆磨合发展的基础上，现在更有必要认真思考的是如何夯实名人纪念馆的学术基础。每个纪念馆都存在类似的任务，把文物基础打牢，把研究工作打牢，甚至在舆论的导向上可以发挥更大的作用。这都是纪念馆面临的很重要的社会职责。在人力调配上，可以根据现有情况做些调整。而对现在纪念馆承担的重大课题项目，我觉得还是需要静下来，以甘坐冷板凳的态度来开展工作，以便我们可以开辟更大的、更深入的、更有前瞻性的学术课题，这样八馆的活动才可以进入一个新的学术层面。

（采访时间：2014 年 12 月 11 日　采访人：胡淼；整理人：梁雪松）

采访人后记

12 位受访人从各自角度陈述了对八馆活动的看法，有的回顾了八馆合作的起始过程，有的思考了八馆合作的文化内涵，有的从经济学角度思考了八馆的发展战略，有的思考了八馆活动与故居文物遗产保护间的关联。在整理这些访谈内容时，不由得想到这些语重心长的话语背后所蕴含的恰是他们对八馆的一种感情、一份关怀。在他们热情言语面前，经整理的访谈录文字显得苍白空洞了许多，这是记录整理人能力有限的问题。

直面采访对象，聆听其话语时所体味到语音语调的变化，是简单的汉字字符无力表达的，对话访谈与纪念文章最大的不同恐怕正在于此。

首先，感谢各位受访人，能够在百忙之中抽出时间接受访谈。同时要感谢的是老舍先生之女舒济老师，郭老之女郭平英老师，以及承担对她们采访任务的何婷、胡淼两位八馆同事。在整理访谈记录时，我们刻意保留了两位名人之后谈话内容的完整性，并置于全篇最后。因为八馆活动的本质正在于纪念那些为中国文化做出了巨大贡献的名人，来自名人之后的“声音”自然是必不可少的。而通过虚构对话的形式来整理他们的言语，对受访者和采访者都是不礼貌的。

八馆的合作初成于世纪之交，我们所纪念的八位文化名人恰恰是20世纪中国文化代表人物，但他们的影响，他们所留下的精神财富并不仅存留于已经过去的那个世纪。在21世纪的最初15年里，八馆用实际行动证明了传承这份宝贵文化遗产的社会意义。21世纪头一个10年，中国无疑处于转型时期，国家社会的发展主题由20世纪的“救国”转向“强国”，寻求新的富强之路成为社会共识，明显的表现就是社会经济的飞速发展。然而经济发展的直接结果就是一般民众对文化生活需求的提高。越来越多的人明白，社会发展并不等于经济指数的上升，精神文化领域的进步也是必需的。在此前提下，博物馆越来越多地进入百姓的生活。八馆使“名人应该走近百姓”这一愿景恰恰走在了博物馆行业的最前端，这也是其取得如今成绩的原因。

最近有一种倾向发人深思，“博物馆”越来越多地与“文物”“藏品”“收藏”“宝物”等概念联系起来，不知何时“缪斯的殿堂”变成了一种非常“物质化”的存在。难道博物馆应该被视为一种文化遗存物的“银行”吗？比较来看，一般类型的博物馆发展历史，所遵循的是西方“博物学”的发展道路，“物”无疑是其发展的一条主线。名人故居纪念馆则更多的是依照“纪念设施”的脉络发展至今的，形式上表现为博物馆机构，但本质上与其他博物馆存在着一定程度的差别，社会功能上也有着显著的区别。八馆合作一开始其实就力图跳出“故居”这一物理界限，把传播“故居”所蕴含的文化内涵作为己任，之后 15 年的社会活动实践证明了这一道路的可行性。

本次访谈录定名为“回想·回响”，有回顾 15 年之意，也有倾听回应之意。正如北京市文物局博物馆处哈骏处长所说八馆在北京博物馆界已经发出了自己的“声音”，本次访谈则在于捕捉“回声”。虽然采访范围有限，但应该是足以代表整个社会的“回响”了吧！

2015 年 1 月 15 日

借力八家名人故居纪念馆联盟开展爱国主义教育活动

刘　洋

李大钊故居坐落于北京市西城区文华胡同24号（原石驸马后宅35号），1920年春至1924年1月，李大钊及家人在此居住近四年，这是他在故乡之外与家人生活时间最长的一处居所。这里见证了李大钊传播马克思主义、创建中国共产党、领导北方工人运动、促成第一次国共合作等一系列最具代表性的革命实践活动，也是他简朴生活和高尚道德情操的真实写照，具有丰富厚重的文化内涵。故居自开放以来，以爱国主义教育、革命传统教育为主的共产主义理想教育为中心，作为博物馆类的爱国主义教育基地，发挥资源优势，逐步探索寻求一条适合自己的爱国主义教育基地发展之路。

李大钊故居位于西长安街南侧新文化街风貌保护区内，与北侧的民族文化宫相望，虽然地处繁华的长安街附近，但毕竟是胡同一隅。小型名人故居、纪念馆的“通病”，限制了故居举办爱国主义教育活动的规模，成为开展爱国主义教育活动的掣肘。身单力孤难以成势，就要迈出四合院，走出胡同，借助合力到广阔天地里开展爱国主义教育活动。自 2007 年故居正式对社会开放后，便参与到北京八家名人故居纪念馆合作中来，在合作中不断历练，不断成长。

一 借力联盟品牌活动，“点”“面”结合多层次开展爱国主义教育活动

李大钊故居因受地理位置、周边环境、场地面积和无停车位等诸多客观条件限制，难以举办大型爱国主义教育活动。在充分考虑以上不利因素的前提下，根据自身特点，采取“点”“面”结合的方针，即在活动内容上，注重“点”，借助联盟平台优势，深入挖掘新的切入点，不求“大而全”，而做“专而精”；在活动范围上，注重“面”，借力八家名人故居纪念馆合作的品牌效应，扩大故居开展爱国主义教育的辐射面和影响力。

1. 利用专题展览充实基本陈列内容

陈列、展览是博物馆实现其社会功能的主要方式，是博物馆特有的语言。北京李大钊故居非常注重利用专题展览的形式发挥爱国主义教育功能，积极参与八家名人故居纪念馆每年根据国家重大纪念日和时下社会弘扬的主旋律推出的专题展览制作工作之中，并根据统一安排完成巡展工作。在与其他故居纪念馆的协调沟通、资源整合、精心策划下，不仅起到宣传名人的爱国精神、民族精神和他们留给后人的文化遗产及精神遗产的作用，还达到宣传爱国主义、集体主义思想和传播社会主义核心价值观，努力倡导中华民族人文精神的目的。将专题展览巡展至北京市各区县以及山东、江苏、福建、河北、内蒙古等省、自治区，及法国、

加拿大、澳大利亚、巴基斯坦和土耳其等国，在当地华人华侨中引起强烈反响，通过参与合作的巡展活动，不断创造弘扬民族精神、进行爱国主义教育的新成绩。

因参加八家名人故居纪念馆专题展览的制作和巡展工作，李大钊与宋庆龄、鲁迅、徐悲鸿等名人之间的故事被传播，不仅增强了各位名人的亲切感，更生动地展现了我们进行资料收集整理工作的成果，同时，展览年度主题的不同也展现了李大钊同志身上不同角度的闪光点。

每年的5月18日是“世界博物馆日”，也是八家名人故居纪念馆联合进行专题展览巡展的启动日，我们利用制作主题统一的专题展览方式，一年一个主题，一站一站走下来，把文化名人的文化遗产和精神遗产传播出去。在这种内展、外展“双管齐下”的巡展中，北京李大钊故居在展览形式、场地运用、合作方式等方面做出了大胆尝试，为今后进一步提高办展水平和提升影响力积累了宝贵的经验。

2. 利用传统节日打造爱国主义教育品牌

通过举办专题展览进行爱国主义教育是因地制宜的长效机制，爱国主义教育通过活动打造品牌更是我们的目的。在传统节日中运用新创意、加入新形式，是爱国主义教育活动的“点睛”之笔，这一切都要以品牌活动为基础。爱国主义教育活动要想搞得好，就要树立明确的主题、打造品牌，并赋予其长久的生命力。

故居纪念馆不仅仅是北京城历史记忆的组成部分，同时也承载着文化名人的人文记忆，它们在传承民族文化、弘扬民族精神以及在爱国主义教育和精神文明建设中发挥着重要作用。清明节是中国传统的民俗节日，是追忆亲人、缅怀故人、寄托哀思的传统节日。清明习俗承载着厚重的中华文明，也凝聚着许多民族情感。清明节期间，八家名人故居纪念馆联合推出“清明时节缅怀名人走进故居”主题活动，让人们在祭奠亲人的同时，走进名人故居纪念馆，追思革命先辈的丰功伟绩。

李大钊故居利用这个品牌活动还努力打造“鲜花代门票，寄语系哀思”的亮点，除清明节当天到故居参观的观众持鲜花代替门票外，还组织活动期间到故居参观的观众们向李大钊铜像献花缅怀先烈，在院中的海棠树上系上黄丝带寄托哀思，在寄语板上粘贴寄语追忆伟人。故居的参观者少先队员、团员居多，故居利用这一特点，组织了建队授巾、建团宣誓等形式多样、内容丰富的青少年系列文化活动。一批批新入队的小学生戴上了鲜艳的红领巾，当他们在队旗下整齐列队，高呼“为共产主义事业时刻准备着”时，这些稚嫩的人在慎终追远、缅怀先辈的情怀中认知中华民族的优秀精神品质。通过这种方式弘扬和传承民族精神，对学生进行爱国主义教育和集体主义教育，可以培养学生爱祖国、爱家乡的情感，引导广大青少年树立正确的世界观、人生观、价值观，潜移默化地将爱国主义教育渗透到学生的成长经历中。

爱国主义教育不仅是面向学校的，更是面向全社会的，清明节活动期间，故居还与金融街街道老年人协会合作，将故居作为清明节期间活动的主场地，缅怀李大钊先生的丰功伟绩。街道内所属的19个社区，有800余位老人参与其中，尽管他们大多已经两鬓斑白，但他们精神矍铄，以高昂的热情、精湛的艺术技艺展现了他们多才多艺的一面，有的社区到故居唱红歌，有的社区来故居进行诗朗诵，有的社区为李大钊先生铜像敬献亲手制作的花篮，有的社区敬献书法作品。这些活动既追忆了李大钊光辉的一生和对中国革命的贡献，又表示了对革命先驱深深的敬意和缅怀。

二　为社会不同群体提供服务

1. “关爱农民工子女”志愿服务

八家名人故居纪念馆也非常关注为社会不同群体提供针对性服务。在开展“志愿北京之博物馆行动”中，启动了“关爱农民工子女”志愿服务项目，并携“红色记忆——文化名人与中国共产党”主题展览进星河双语子弟学校，北京李大钊故居也成为“关爱农民工子女”志愿服务项目的35家博物馆中首批正式挂牌的示范基地之一，并向农民工子女捐赠了图书，派出志愿者在巡展现场进行讲解。

为进一步落实该项工作，北京李大钊故居还在寒假期间为中小学生举办了以“迎新春　访名人　进故居”为主题的在博物馆里过大年活动。邀请每一位前来参观的学生领取一张祝福卡片，在上面书写新春寄语后挂在院内的海棠树上，为亲朋好友及家人祈福。活动期间还特意邀请了文昌社区外地务工人员的子女参与我们的活动。在活动中邀请他们一同参加了趣味游戏，送去了我们精心准备的礼物。大家一同用手语演唱了歌曲《感恩的心》后，孩子们将自己的新春寄语系到了海棠树上，为现场的每一个人及家人送去祝福。

2. 携展览走进高墙

八家名人故居纪念馆联盟还将“红色记忆——文化名人与中国共产党”主题展览送至高墙之内。此次巡展把八家名人故居纪念馆独有的文化内涵融入北京女子劳教所正在开展的“文化建设推动月”系列教育活动当中，以新颖的内容和角度为该所的活动再添光彩。

借此巡展活动的成功经验，为提升服刑人员文明市民意识，进一步领会北京精神实质，李大钊故居对馆藏资料进行整合，推出“李大钊与北京精神”专题展览。在北京市监狱管理局协调下，该展览由未成年管教所拉开帷幕后，在北京市监狱管理局所属十余家监狱进行了为期 3 个月的巡展。展览从在北京工作生活十余年的中国共产党主要创始人李大钊所彰显的爱国情怀、创新精神、包容思想和厚德品格方面，全面地展现了李大钊同志光辉的一生，也完整地诠释着北京一脉传承的城市精神。李大钊嫡孙李建生在巡展启动当日为服刑人员做了“李大钊与北京精神”专题讲座。该展览在未成年管教所一经推出，就受到了北京市监狱局、北京市各监管单位以及服刑人员的热烈欢迎。

三　搭建爱国主义社会教育平台

围绕市委、市政府建设“人文北京、科技北京、绿色北京”和“把北京建设成为世界城市”的战略目标，八家名人故居纪念馆联盟还利用暑期，借助首都图书馆“北京大讲堂”的平台，联手推出“寻找北京文明的足迹——人文精神与文化名人”系列主题讲座。讲座分别以“李大钊同志的高尚品质”“宋庆龄的人生抉择”“爱国的老舍——抗日战争中的老舍”“负笈东瀛——郭沫若的留学之路”“战士品格　文人情怀——鲁迅精神的两个侧面”“丰盈的人生与多彩的文学世界”“第三只眼看梅兰芳京剧艺术”等为主题向首都市民介绍几位名人的真实经历，让听众感受名人的人文情怀和精神品质，从而进行爱国主义教育和民族精神教育。

爱国主义是动员和鼓舞中国人民团结奋斗的一面旗帜，是推动我国社会前进的巨大力量，是各族人民共同的精神支柱。作为“北京市爱国主义教育基地”“北京市廉政教育基地”“北京市中小学生社会实践大课堂”“北京市青少年学生校外活动基地”，北京李大钊故居将继续积极进取，立足于八家名人故居纪念馆合作阵营，发挥爱国主义教育基地的阵地优势，不断创新开展更加丰富多彩的爱国主义教育活动，让观众了解伟人，学习伟人的精神，从而激发他们的爱国、报国热情，使故居这座爱国主义教育基地，成为名副其实的学生校外大课堂。

爱国主义教育、人文素质教育是永恒的主题，我们责任重大、任务艰巨。我们将不懈努力，勇于创新，把文化名人的文化遗产和精神遗产传播出去，把文化名人的爱国精神、民族精神、人文精神传承下去。让中华民族的灿烂文化和不朽精神代代相传、发扬光大。

（刘洋　李大钊故居管理处馆员）

展览纪实

大家风范　中国精神

北京八家名人故居联合活动十五年

国内巡展案例纪实

——武汉·华中农业大学

北京鲁迅博物馆　张燕　整理

2014年9月，北京八家名人故居联盟接到了华中农业大学的邀请，为学校新成立的艺术馆做开幕展览。

华中农业大学是国家教育部直属、国家“211工程”建设重点大学，迄今已有116年办学历史，具有丰富的精神资源和文化沉淀。2014年1月，学校大学生艺术馆正式投入使用，是学校第一个专用室内艺术展示场馆，成为艺术类专业实践教学基地和大学生创意实践基地。北京八家名人故居纪念馆与华中农业大学定于11月3~7日共同举办“大家风范　中国精神——20世纪八大文化名人的人格和家风”展览开幕式及相关展演活动。

一　展览主旨

北京八家名人故居的主人宋庆龄、李大钊、鲁迅、郭沫若、茅盾、老舍、徐悲鸿、梅兰芳等，都是活跃在20世纪不同年代的文化名人，他们在不同的领域分别取得了彪炳史册的历史功绩。八大文化名人少年时志存高远、立志报国，壮年时诚信待人、敬业乐业，在日常生活中秉持俭朴本色和诗礼传家的传统道德，在人格和家风上完全体现了中国价值和中国精神，堪称大家风范。

这个展览，就是希望通过八位名人个人修养和生活理念方面的标杆价值和示范作用，弘扬主旋律，传递正能量，推动社会主义核心价值观公民个人层面价值准则的培育和践行。

二　展览主题

大家风范　中国精神——20 世纪八大文化名人的人格和家风

三　主办与承办单位

主办方：

国家文物局、中国艺术研究院、中共北京市委宣传部、北京市文物局、首都博物馆联盟、北京市西城区委宣传部

承办方：

华中农业大学

宋庆龄故居、李大钊故居、北京鲁迅博物馆、郭沫若纪念馆、茅盾故居、老舍纪念馆、徐悲鸿纪念馆、梅兰芳纪念馆

四　展览开幕时间、地点与展期

开幕时间：2014 年 11 月 6 日

地点：华中农业大学艺术馆

展期：一个月

五 活动内容

1. 文化展览

展出由主办单位精心择选八位大家大量珍贵的历史文献、图片和文物，并滚动播放有关影音资料，展示北京八大历史文化名人的爱国主义精神、奉献精神、创新精神和实干兴邦精神。

（1）图片喷绘壁挂展板 66 块（规格：90cm × 120cm，视展览条件调整展板数量，展板展线长约 62 米）。

▲ 展览展板

（2）实物展品（见附件一文物复制品名录。书画作品展线长约 80 米，展柜 8 个，规格：140cm × 55cm）。

▲ 展览现场

（3）八位名人生前视频影像或故居纪念馆宣传介绍。

▲ 展览现场

2. 艺术表演

在展览开幕式上举行相关专题艺术表演活动。

八家名人故居联盟代表致辞。

▲ 茅盾故居主任郭丽娜在开幕式上致辞

（1）诗文朗诵：将校园文化活动“金秋雅韵”诗文朗诵会的年度主题与展览相结合，挑选各大名家的著名诗文进行专题编排，由北京艺术名家和师生共同演出。

▲“金秋雅韵”诗文朗诵会演出现场

（2）国粹赏析：为纪念梅兰芳诞辰120周年，邀请著名表演艺术家和师生共同演出梅派经典剧目，并以主持旁白方式展现梅兰芳先生的艺术风范、高尚人格和爱国主义情怀。

▲梅兰芳曾孙梅玮先生与湖北省京剧院合作演出

3. **教育普及**

形式：专题讲座。邀请部分纪念馆专家举办专题讲座、沙龙交流。

(1)《郭沫若的成功之道》

主讲人：张勇，郭沫若纪念馆副研究员、博士。

张勇来校谈郭沫若成功的启示

2014-11-04 11:06　学通社　我要评论 0　扫描到手持设备　字号：

核心提示：11月3日晚7点，“大家风范，中国精神——20世纪文化名人的人格和家风”郭沫若专场讲座在图书馆二楼报告厅举行。中国社会科学院郭沫若纪念馆张勇副研究员来校与大学生畅谈郭沫若成功的启示。

（文|学通社记者黄皓 查雨君 图|学通社记者曹毓涵）11月3日晚，“大家风范　中国精神——20世纪文化名人的人格和家风”郭沫若专场讲座在图书馆二楼报告厅举行。中国社会科学院郭沫若纪念馆张勇副研究员来校与大学生畅谈了郭沫若成功的启示。

大胆的背后是创造性

张勇说，郭沫若的成功经验第一是大胆。大胆是指郭沫若具有很强的创新性和创造性。家庭轻松的氛围给了郭沫若成长的自由空间，他极力反抗旧式学堂的束缚。为此，郭沫若学生时期曾遭遇三次退学。第一次，上小学时，他上课睡觉，看小说，然而成绩第一，引起了其他学生的质疑、不满。校长迫于压力将郭沫若从第一改为第三，他从中认识到了旧式学堂的束缚。第二次，中学时，郭沫若领头抗议学校缩短休息时间的安排，被退学。第三次，他为被欺负的同学打抱不平。他的大胆从另一方面说明了其叛逆性、创造性。

在社会转型中，郭沫若的叛逆性形成了他反抗旧文化，提倡新文化的创造力。1927年“四一二”政变之前，郭沫若写下了一篇《请看今日之蒋介石》的檄文，深入剖析蒋介石内心想法，使得蒋介石全国通缉郭沫若。郭沫若流亡日本10年，在考古学、甲骨文、中国历史研究方面达到了巅峰。

▲ 华中农业大学南湖新闻网对张勇讲座的报道

(2)《徐悲鸿的美术创新》

主讲人：佟刚，徐悲鸿纪念馆社教部。

走进徐悲鸿，走进大师的人生

2014-11-06 12:37　我要评论 0　扫描到手持设备　字号：

核心提示：11月4日晚7点，“大家风范，中国精神之20世纪文化名人的人格和家风”徐悲鸿专场在图书馆二楼报告厅开讲。目前在徐悲鸿纪念馆社教部主要从事徐悲鸿作品艺术研究与鉴赏的佟刚老师与在场同学畅谈了徐悲鸿的画作、徐悲鸿的品格、徐悲鸿的一生。

▲ 华中农业大学南湖新闻网对佟刚讲座的报道

(3)《梅兰芳的舍与得》

主讲人：梅玮，梅兰芳第四代传人，梅兰芳研究中心副主任。

梅兰芳第四代传人梅玮做客我校狮子山讲坛

2014-11-07 14:18　我要评论 0　扫描到手持设备　字号：

核心提示：11月5日晚7点，梅兰芳第四代传人梅玮做客我校狮子山讲坛，在我校图书馆二楼报告厅与在场师生分享“中国戏曲一代宗师梅兰芳先生艺术与生活上的‘舍’与‘得’。”

（文|校团委通讯员杨子 许丰 学通社记者陈媛媛 曾彤 图|校学生会通讯员覃光胜）11月5日晚7点，梅兰芳第四代传人梅玮做客我校狮子山讲坛，与在场师生分享“中国戏曲一代宗师梅兰芳先生艺术与生活上的‘舍’与‘得’。”

▲ 华中农业大学南湖新闻网对梅玮讲座的报道

另附：华中农业大学展览协议、展品清单、邀请方案及湖北武汉巡展开幕式讲话稿

附件一

展览协议

以“大家风范　中国精神——20 世纪八大文化名人的人格和家风”为主题的展览活动，于 2014 年 11 月 3 ~7 日在武汉（华中农业大学）开幕，为使展览能够有序进行，经友好协商，签订展览协议如下：

一、甲方（北京）

1. 负责提供展览展板、开幕式主席台背板的设计稿（电子版）及实物展品。

2. 提供各馆相关视频影像资料。

3. 负责组织相关人员到场参加开幕式，北京参展成员 20 人（包括主管部门领导、各馆领导、讲座专家、工作人员及讲解员）。

4. 邀请讲座专家 3 人。

5. 北京参展人员自付北京上武汉往返火车票。

二、乙方（武汉）

1. 提供展览场地、展柜，制作展览展板、开幕式主席台背板、横幅。

2. 根据展览场地实际情况，提供视频播放设备。

3. 负责举办展览开幕式并组织观众。

4. 维护展出期间的展览环境，保证实物展品安全，如有丢失损坏，由乙方负责赔偿。

5. 负责北京参展成员五天四晚的食宿费用。

6. 组织北京参展团成员进行相关参观、考察。

三、未尽事宜，双方根据互惠友好原则协商解决。

注：北京八家名人故居纪念馆联盟（宋庆龄故居、李大钊故居、北京鲁迅博物馆、郭沫若纪念馆、茅盾故居、老舍纪念馆、徐悲鸿纪念馆、梅兰芳纪念馆）牵头单位——梅兰芳纪念馆。

甲方（北京）：梅兰芳纪念馆　代章

2014 年　　月　　日

乙方（武汉）：华中农业大学　章

2014 年　　月　　日

附件二

北京八馆赴武汉（华中农业大学）巡展实物展品名单

一、李大钊故居

1. 《北京市民宣言》

2. 《唯物史观》

3. 李大钊手书

二、北京鲁迅博物馆

1. 鲁迅书法挂轴。尺寸：80cm×29.8cm

2. 鲁迅藏陈师曾画。尺寸：50cm×38.2cm

3. 鲁迅《藤野先生》手稿。尺寸：28cm×38cm

4. 鲁迅《从百草园到三味书屋》手稿。尺寸：28.7cm×20.03cm

新增：

5. 《鲁迅自传》手稿

6. 《〈八月的乡村〉序》手稿，3页

7. 《拟购书目》手迹

8. 《恒训》部分手稿，7页

9. 《河南》月刊

10. 《解剖学笔记》

11. 鲁迅使用过的讲义夹

12. 鲁迅穿过的鞋（37号）

13. 鲁迅穿过的毛衣

三、郭沫若纪念馆

1. 斜竹，未装裱画心，A4 幅面

2. 祝中日邦交恢复，裱轴，宽度 250cm

3. 题画螃蟹，裱轴，宽度 80cm

4. 国民七言联，对联（左右两幅），裱轴，宽度：50cm×2cm

新增：

5. 题群益出版社，行书，条幅，1946 年

6. 题自画长杆荷花，中国画，条幅，1962 年

7. 卜算子·咏梅，行书，条幅，20 世纪 60 年代

8. 百花齐放百鸟鸣，行书，条幅，20 世纪 50 年代

9. 题李可染《归牧图》，中国画，条幅，1972 年

10. 少先队队歌，由郭沫若作词，马思聪作曲

11. 臣辰盉铭考释，手稿

12. 郊原的青草，手稿，该诗收入《骆驼集》

13. 吊鲁迅，郭沫若日文写作了《吊鲁迅》，1936 年

14. 题赠李维汉

“疾风知劲草，岁寒见后雕。根节遭盘错，梁木庶可遭。驾言期骏骥，岂畏路迢遥。临歧何所赠，陈言当宝刀。”1946 年

15. 《甲申三百年祭》，版本书

16. 《屈原》，版本书

17. 《虎符》，版本书

18. 《孔雀胆》，版本书

19. 《筑》，版本书

四、老舍纪念馆

1. 白石画寒梅老舍题字

作者：齐白石

年代：1955 年

尺寸（装裱）：107.7cm×42.3cm

2. 可染画牛

作者：李可染

尺寸（装裱）：161.9cm×58.5cm

3. 《〈四世同堂〉手稿本》：第一部　惶惑（一）

作者：老舍

出版：江西教育出版社

尺寸：一部 6 册在一起的尺寸 17cm×26.5cm×14cm，其中最厚一册尺寸 17cm×26.5cm×2.2cm

4. 手槁复制件：

(1)《面子问题》手稿绢质复制件

(2)《出口成章》手稿纸质复制件

5. 齐白石梨花

作者：齐白石

尺寸（装裱）：172.5cm×45.6cm

6. 齐白石九十二岁樱桃轴

作者：齐白石

年代：1952 年

尺寸（装裱）：104.5cm×44cm

7.《〈骆驼祥子〉手稿本》

作者：老舍

出版：人民文学出版社，2009年4月北京第1版

尺寸：17.5cm×25.7cm×2cm

8. 手稿复制件：

（1）《文学概论》手稿绢质复制件

（2）《茶馆》手稿纸质复制件

新增：

9.《月季小鸟》轴

作者：胡絜青

年代：1964年

尺寸：203.6cm×66.4cm

铭记题跋：风日晴明花满枝　一九六四年春絜青写于首都

10.《绿竹与蜀葵》轴

作者：胡絜青

尺寸：226cm×66.5cm

铭记题跋：小院栽竹两三行　画空疏影茂新篁　且喜蜀葵节节上　傲骨风清面向阳　絜青写于北京画院

11.《百合萱草鸽子》轴

作者：胡絜青

年代：1959年

尺寸：213cm×68cm

铭记题跋：絜青写生

12.《苍翠（松）》轴

作者：胡絜青

年代：1998 年

尺寸：210.5cm × 72.2cm

铭记题跋：苍翠 纪念中华佛教二千年九十四岁胡絜青并敬题

13.《硕果累累》轴

作者：胡絜青

年代：1976 年

尺寸：179cm × 66cm

铭记题跋：硕果累累絜青写于北京东郊公社

14.《扶桑》轴

作者：胡絜青

年代：1976 年

尺寸：204.5cm × 64.5cm

铭记题跋：花好叶茂 絜青写于首都

15.《松鹰图》轴

作者：胡絜青

年代：1983 年

尺寸：222.6cm × 76.5cm

铭记题跋：远瞩 絜青写于北京

16.《放牧（鸭）》镜心

作者：胡絜青

尺寸：168cm × 83.5cm

铭记题跋：放牧 絜青写于首都

17.《林风眠水墨雁阵图》轴

作者：林风眠

年代：1962 年

尺寸：222cm×79cm

18.《胡絜青画绿竹白鹤图》轴

作者：胡絜青

尺寸：238.3cm×64.6cm

五、徐悲鸿纪念馆

1. 跨犊儿童。1943 年作，尺寸：117cm×62cm

2. 牛浴。1938 年作，尺寸：220cm×100cm

款识：廿七年夏在桂林近郊写所见 悲鸿

印章："东海王孙"白文长方印

3. 壮烈之回忆。1937 年作，尺寸：131cm×77cm

4. 立马图。1943 年作，尺寸：89cm×57cm

5. 懒猫图。1943 年作，尺寸：229cm×75cm

题款：癸未暮春盘溪中国美术学院晴日似乎逸兴又非敢自逸也悲鸿漫〇静文爱妻保存

6. 绿荫猫。1944 年作，尺寸：112cm×53cm

7. 四喜图。1942 年作，尺寸：172cm×53cm

款识：扶华先生正悲鸿壬午

印章："徐"朱文圆印

8. 驰骋。1943 年作，尺寸：174cm×77cm

款识：癸未岁晚，悲鸿

印章："江南布衣"朱文方印

9. 三鹅图。1939 年作，尺寸：82cm × 47cm

10. 奔马。1953 年作，尺寸：101cm × 54cm

六、梅兰芳纪念馆

1. 梅兰芳《天女散花》

2. 梅兰芳《墨梅》

3. 梅兰芳《春消息》

4. 金农《乞饭僧》

5. 徐悲鸿《松鹤延年》

6. 徐悲鸿《猫》

7. 陈继《天女散花》

8. 袁江《楼台山水》

9. 黄君璧《山水》

10. 东海散人《洛神》

11. 梅兰芳《洛神》

12. 张大千《桐荫高士》

13. 刘南石《鸳鸯》

14. 吴湖帆《山水》

15. 黄宾虹《缀玉轩图》

16. 黄宾虹《山水》

17. 齐白石《荷花四条屏》

18. 徐悲鸿《天女散花》

19. 陈半丁《梅花水仙》

20. 齐白石等名家《花卉六条屏》

（姚茫父、王梦白、齐白石、陈半丁、方子易、凌文渊）

附件三

关于邀请北京八家名人故居纪念馆2014年华中农业大学专场展览活动方案

华中农业大学是国家教育部直属、国家“211工程”建设的全国重点大学。近年来，学校以创建“五色校园”为主要内容，以建设优良的校风、教风、学风为核心，以树立正确的世界观、人生观、价值观为导向，以提升师生综合素质为宗旨，以彰显和弘扬“勤读力耕、立己达人”为核心的华农精神为基点，以优化校园育人环境、提高校园文化品位为重点，着力推进校园文化建设品牌“悦雅计划”实施，取得一定实效。2014年1月，学校大学生艺术馆正式投入使用，总面积约3000平方米，主展区约500平方米，为进一步加强和改进校园文化建设，提升校园文化品位，倡导、传播经典高雅文化，努力为大学生提供高质量的教育平台，提升师生人文修养，丰富生活，特邀请北京八家名人故居纪念馆巡展来校举办专场活动。

一、活动时间

2014年10月或11月。

二、活动周期

1周或1月。

三、活动主题

由北京八家名人故居联盟确定。

四、活动地点

华中农业大学艺术馆。

五、主办单位

宋庆龄故居、李大钊故居、鲁迅博物馆、郭沫若纪念馆、茅盾故居、老舍纪念馆、徐悲鸿纪念馆、梅兰芳纪念馆、华中农业大学等。

六、受众群体

以华中农业大学师生为主，并面向武汉市民和在汉学生开放。

七、活动形式

“文化展览 + 艺术表演 + 教育普及 + 旅游推介”相结合，即在文化展览布展空间内，划分互动交流区，在图文实物等营造的浓郁文化氛围中，开展艺术表演、教育普及、旅游推介等活动。

八、活动内容

1. 文化展览

展出由主办单位精心择选八位大家大量珍贵的历史文献、图片和文物，滚动播放有关的影音资料，展示北京八大历史文化名人的爱国主义精神、奉献精神、创新精神和实干兴邦精神。

2. 艺术表演

在展览的互动交流区举办相关专题艺术表演活动。

（1）诗文朗诵：将我校重点校园文化活动“金秋雅韵”诗文朗诵会的年度主题与展览相结合，挑选各大名家的著名诗文进行专题编排，由北京艺术名家和我校师生共同演出。

（2）国粹赏析：为纪念梅兰芳诞辰 120 周年，邀请著名表演艺术家和我校师生共同演出梅派经典剧目，并以主持旁白方式展现梅兰芳先生的艺术风范、高尚人格和爱国主义情怀。

3. 教育普及

邀请各馆专家举办专题讲座或沙龙。

4. 旅游推介

在展区和学校人流集中区域张贴或发放八家名人故居纪念馆宣传资料，可以发放纪念赠票等形式，培育红色旅游行为习惯。

九、有关说明

1. 主题由主办方确定。

2. 承办方在主办方的指导下配合完成展品到武汉后的运输、安装、布展，协商承担部分费用，负责艺术表演、教育普及和旅游推介有关活动的策划和组织，负责选拔解说志愿者配合讲解。

3. 其他事宜另行商榷。

华中农业大学校团委

2014 年 9 月

附件四

“大家风范　中国精神——20世纪八大文化名人的人格和家风”湖北武汉巡展开幕式讲话稿

各位领导、各位朋友们：

大家好！

由宋庆龄故居、李大钊故居、北京鲁迅博物馆、郭沫若纪念馆、茅盾故居、老舍纪念馆、徐悲鸿纪念馆、梅兰芳纪念馆八家单位共同策划实施的2014年“大家风范　中国精神——20世纪八大文化名人的人格和家风”系列巡展活动，今天来到了湖北武汉。在此，我代表八家名人故居博物馆、纪念馆向支持我们此次巡展活动的华中农业大学等单位表示衷心的感谢。

党的十八大报告中提出要“加强社会主义核心价值体系建设”，中共中央办公厅《关于培育和践行社会主义核心价值观的意见》中也要求“一切文化产品、文化服务和文化活动，都要弘扬社会主义核心价值观，传递积极人生追求、高尚思想境界和健康生活情趣”。

北京八家名人故居曾经的主人都曾是活跃在20世纪不同年代的文化名人，他们在并不相同的领域分别创建了彪炳史册的历史功绩。此次北京八家名人故居联盟走进华中农业大学，希望通过八位名人个人修养和生活理念方面的标杆价值和示范作用，弘扬主旋律，传播正能量，推动社会主义核心价值观在公民个人层面价值准则的培育和践行。

谢谢大家！

北京市内案例——“六一嘉年华”西四北四条小学

北京鲁迅博物馆 张燕 整理

2014 年 5 月 29 日，为庆祝国际儿童节的到来，北京鲁迅博物馆等八家名人故居、纪念馆，与新街口少年宫、北京金苗青少年俱乐部合作，把“大家风范 中国精神——20 世纪八大文化名人的人格和家风”主题展览带入西四北四条小学，让学生们零距离地感受大师的魅力，与先贤们一起共赴名人故居的“嘉年华”。

一 活动组织

主办单位：北京鲁迅博物馆、西四北四条小学、新街口少年宫、北京金苗青少年俱乐部。

协办单位：宋庆龄故居、李大钊故居、郭沫若故居、茅盾故居、老舍故居、梅兰芳故居、徐悲鸿纪念馆、北京高博文化发展中心。

二 活动主题

“童”心品先贤，“绘”集中国梦——庆“六一”社会大课堂主题嘉年华活动。

1. 以同是北京人、西城人作为切入点，调动学生的学习热情，让他们零距离感受大师的魅力，走进先贤的世界。

2. 充分体现“儿童本位”的教育理念，以孩子的视角作为切入点，引导孩子们身体力行，用童心绘就自己的“中国梦”。

3. 在这一以名人文化为主题的活动中，融入老北京游戏及体育活动元素，让孩子们在游戏中学习，在快乐中成长。

三　地点、时间、人数

1. 活动地点：西四北四条小学。

2. 活动时间：2014 年 5 月 29 日。

3. 活动人数：600 人。

四　活动内容

通过“大家风范　中国精神——20 世纪八大文化名人的人格和家风”、“鲁迅与砖塔胡同”以及“‘走进鲁迅世界共筑最美中国梦’阳光少年系列活动的总结汇报展”三个主题展览，让鲁迅、郭沫若、梅兰芳、徐悲鸿、宋庆龄、李大钊、老舍等曾活跃于西城的“老邻居”在“六一”儿童节走进校园，与这些“小街坊”共度节日。

西四北四条小学位于传统的四合院保护区，本身就是北京百年老校。考虑到一到六年级不同年龄段学生的接受水平，组织方特意设立了三个互动体验区，充分利用资源，为学生带来从动手到动脑再到动脚，全方位的互动体验。

具体活动如下。

1. 品读先贤寻梦区——八家名人故居集印兑奖区。

这一区域的一大亮点，是制作了“走进鲁迅世界共筑最美中国梦”获奖作品的集印卡片，绘制了现场藏宝图，意在用孩子的视角作为媒介，将他们带入快乐发现之旅。

在这一区域，孩子们通过参观，寻找手中答题卡的答案，全部答对获得一枚名人故居印谱，集齐八枚名人故居印谱，可以在八家名人故居任意一个集印点获得一份纪念品。集印现场老舍故居区还将通过抽奖方式邀请一些同学现场体验拓印福字的活动。

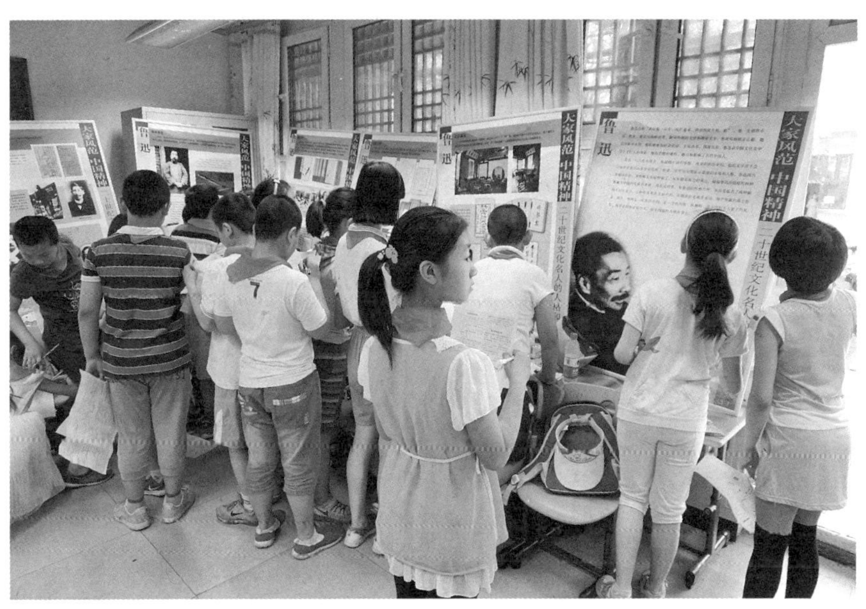

▲ 西四北四条小学学生们参加展览活动

2. “绘”出最美中国梦——“走进鲁迅世界　共筑最美中国梦”活动总结汇报展区。

这一区域的亮点，就是让小观众的画笔去诠释对中国梦的理

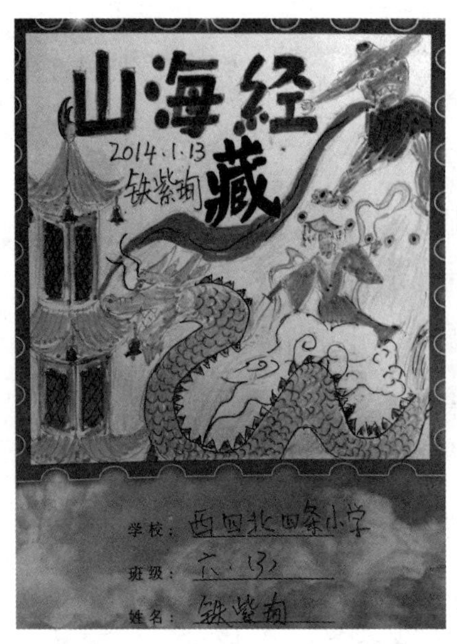

▲“共筑最美中国梦”学生作品

解。在参观汇报展之余，现场还将通过现场绘画、制作的方式，让孩子们绘出自己的中国梦。

3.“童心待发追梦区”——老北京传统游戏体验及追梦奥运狂欢区。

北京金苗青少年体育俱乐部在活动现场设立了老北京传统体育体验区，踢毽子、推铁环……让孩子们体验先辈童年游戏项目，从而充分释放自己的天性，用快乐健康的方式来发现中华文化之美。

▲ 学生们参加各种游戏活动

由随心而动花式篮球带来的精彩花式扣篮表演，给孩子带来力与美的激情体验，原来篮球也可以这样玩！

我们提倡德智体全面发展，小观众除锻炼身体之外，还可以在我们提供的轨道棋盘上和小对手们博弈。

精彩的奥运主题展览，让小观众深入了解奥林匹克运动文化，奥林匹克精神：更高、更快、更强。

动静结合，亲切“接地气”的活动，让孩子们学得开心，玩得尽兴。很多孩子舍不得离开活动现场，恨不得能在这里待上一整天。

鲁迅说：“游戏是孩子的天性。”这一以名人文化为主题的活动，融入了老北京游戏及体育活动元素，在游戏中学习，在快乐中成长，是这次嘉年华活动要带给孩子们的生活方式。健全的人格和健康的体魄，其实就是这八位先贤在改造国民性、振兴中华的救国之路中，一直追寻的理想境界。孩子们的笑脸，其实就是对八位文化先贤最好的纪念。

国外巡展案例纪实——“中华名人展”赴巴基斯坦展出

北京鲁迅博物馆　张燕　整理

每一个国家、每一个民族都孕育了自己杰出的人物。他们既是各个国家和民族的巨大精神财富，也是人类文明共同拥有的精神财富。名人是浓缩的历史，是时代精神的集中体现。了解一个国家、一个民族最为快捷和深入的方式之一，就是从名人入手。刚刚过去的20世纪，是发生了翻天覆地巨大变革的一个世纪，在这个世纪，中国出现了许许多多杰出的人物，他们身上凝聚着中华民族的勤劳善良、坚忍不拔、聪明智慧的品质。他们的存在，使得百年中国历史画卷更加丰富多彩。

一　展览主旨

中国与巴基斯坦友好交往历史悠久，自1950年1月两国建交以来，中巴两国关系不断发展，但相对于两国自身独特和悠久的文化历史，就目前来说双方在文化领域的合作还远远不够。贸易的交流可以促进两国的经济发展，文化的交流则可以更深层次地沟通人与人的心灵、触及彼此民族的灵魂，产生的效应会深深根植于人们的内心，这是一般经贸活动和政治交流所不能替代的。

这次我们带去的以20世纪中国文化名人为主题的图片展，集中展示了对近现代中国文化产生过重要影响、具有代表性意义的八位杰出人物的生平活动和丰功伟业。他们是中华民族文化传统承前启后的历史巨匠，是百年中国的骄傲。十几年来，这个展览先后在十几个国家和地区的文化中心、重点大学、博物馆展出，受到巡展地人民的欢迎和好评。

这八位名人是：

宋庆龄：20世纪伟大女性，国之瑰宝的中华人民共和国名誉主席；

李大钊：中国共产党主要创始人之一，中国现代图书馆奠基人；

鲁迅：中国新文化运动的先驱，被誉为“民族魂”；

郭沫若：百科全书式的文化巨匠，著名社会活动家；

茅盾：中国现代文学泰斗，著名文学家；

老舍：被誉为“人民艺术家”的语言大师；

徐悲鸿：“中国近代绘画之父”，杰出的美术教育家；

梅兰芳：中华国粹“梅派”京剧艺术创始人，舞台表演艺术大师。

二　主办单位

中方：

宋庆龄故居、李大钊纪念馆、鲁迅博物馆、郭沫若纪念馆、茅盾故居、老舍纪念馆、徐悲鸿纪念馆、梅兰芳纪念馆。

巴方：

中国驻巴基斯坦大使馆、巴基斯坦驻中国大使馆、巴基斯坦华人华商协会。

三　展览时间

2013 年 11 月 11～18 日。

四　展览地点

首展设于巴基斯坦自然历史博物馆，后由巴基斯坦中国留学生学生会继续负责在伊斯兰堡的多个大学和巴基斯坦的其他城市进行了巡回展出。

五　内容和形式

1. 主题展览——“中华名人展”

当地时间 11 月 12 日下午，在位于伊斯兰堡的巴基斯坦自然历史博物馆举办了图片展“中华名人展”开幕式。展览以图文并茂的形式，生动形象地介绍了近代以来为中华民族的崛起做出突出贡献的八位历史文化名人的生平事迹。开幕式上，中国驻巴基斯坦大使馆孙卫东大使，巴基斯坦科学技术部部长扎哈德·哈马德，北京鲁迅博物馆党委书记、副馆长赵国顺，巴基斯坦自然历史博物馆馆长穆罕默德·阿塔博士分别发表了热情洋溢的讲话，孙卫东大使还亲自担任讲解员，为巴基斯坦观众作了精彩的讲解。中国在巴的华人华商、留学生以及巴基斯坦各界人士约 200 人出席了当天开幕式。

▲“中华名人展”巴基斯坦巡展开幕式

2. 与巴基斯坦文化界进行文化交流

（1）在展览开幕前后，代表团与巴基斯坦自然历史博物馆进行了两次座谈，就双方进一步合作展开了广泛的探讨。

▲ 中方代表团同巴基斯坦自然历史博物馆交流

▲ 八家故居联盟代表在穆罕默德·阿塔博士陪同下，与巴基斯坦纪念碑博物馆就合作问题进行讨论

（2）在巴基斯坦纪念碑博物馆，八家名人故居联盟代表团与巴基斯坦科技基金会主席哈立德等人就两国之间的博物馆交流、互办展览进行了更深入具体的讨论。

（3）见证中巴友谊。14 日，代表团参观考察夏克巴里安山上的友谊林。友谊林是各国领导人访问巴基斯坦时植树的地方，其中第一棵树和最后一棵树的栽种者分别是中国总理周恩来和李克强。

▲ 李克强总理亲手种下的中巴友谊树

（4）17 日，代表团途径拉哈尔回国，在拉哈尔顺路参观了巴基斯坦最大的博物馆——拉哈尔博物馆，代表团成员主要就历史文化遗产博物馆的文化产品开发与文化传播与馆方开展了深入的交流和探讨。

“中华名人展”生动感性地浓缩了中国文化。它将有助于促进中巴之间的文化交流，增进两国人民之间的相互了解和友谊，我们期待中华文明与伊斯兰教文化在不断交流与交融中丰富成长。

附件一

孙卫东大使在“中华名人展”巴基斯坦巡展上的致辞

尊敬的巴基斯坦自然历史博物馆馆长 Ata－UI－Mohsin 博士，尊敬的鲁迅博物馆书记赵国顺，女士们、先生们：

大家好！

正值巴基斯坦首都伊斯兰堡进入宜人的金秋时节，由鲁迅博物馆、郭沫若纪念馆、梅兰芳纪念馆和茅盾故居，以及巴基斯坦自然历史博物馆等中巴有关单位共同主办的“中华名人展”，就要在这里开展了。在此，我谨代表中国驻巴基斯坦大使馆，向这次展览得以顺利举办，致以衷心的祝贺！向来自祖国的亲人们表示热烈的欢迎！同时，我也要向为此次展览付出辛勤努力的中巴双方有关单位和人士致以深切的谢意！

这次展览是以 20 世纪中国文化名人为主题的图片展，集中展示了对近现代中国文化产生过重要影响，具有代表性意义的八位杰出人物的生平活动和丰功伟业。近十几年来，这个主题展览先后在十几个国家和地区的文化中心、重点大学等展出，受到了当地民众的欢迎和好评。所以，我们相信这个展览一定会有助于巴基斯坦民众更多、更好、更正确地了解中国，并受到他们的欢迎和好评。

众所周知，中国与巴基斯坦相为友好邻邦，两国之间的友谊源远流长。中巴建交62年来，两国政治上平等互信，经济上互利共赢，文化上交流互鉴，双方在各个领域里的交往与合作不断深入。中巴友谊经受住了国际风云变幻和时间的考验，堪称国与国之间友好关系的典范。

令人高兴的是，2013年以来，中巴两国新一届政府领导人李克强总理和谢里夫总理，成功地实现了互访。两国还签署了共同建立“中巴经济走廊”等一系列加强双方经贸合作、促进双边人文交流的文件。这次展览就是中方为落实这些文件的具体举措之一。我们希望巴基斯坦有关方面今后也能去中国举办类似的展览，希望双方类似的活动能够不断增进两国民众对对方国家的了解与好感，进而为中巴友谊大厦添砖加瓦。

最后，我想借此机会向来自祖国的亲人们建议，希望你们充分利用这次访问巴基斯坦的机会，在向巴基斯坦民众介绍近现代中国文化名人的同时，也多多了解巴基斯坦的历史、文化和杰出人物，亲身感受和体验巴基斯坦人民对中国人民的深情厚谊，并将这种珍贵而伟大的友谊带回国内，今后继续致力于中巴友好事业。

预祝此次展览取得圆满成功！

中巴友谊万岁！

附件二

“中华名人展”赴巴基斯坦展览情况报告

在中国驻巴基斯坦大使馆、巴基斯坦驻中国大使馆以及巴基斯坦华人华商协会的大力帮助和支持下，应巴基斯坦自然历史博物馆的邀请，北京鲁迅博物馆党委书记、副馆长赵国顺同志率团于2013年11月11～18日赴巴基斯坦举办“中华名人展”和博物馆交流座谈活动。

一、出访人员及任务

2013年11月11～18日，北京八家名人故居联盟（包括宋庆龄同志故居、李大钊故居、北京鲁迅博物馆、郭沫若纪念馆、茅盾故居、老舍纪念馆、徐悲鸿纪念馆、梅兰芳纪念馆）一行11人在北京鲁迅博物馆党委书记、副馆长赵国顺同志带领下赴巴基斯坦举办展览及文化交流活动，代表团成员包括赵笑洁、梁雪松（郭沫若纪念馆），郭丽娜（茅盾故居），田玖龙（北京市西城区委宣传部），钱振文、陈南（北京鲁迅博物馆），李雁博、刘洋（李大钊故居），王桂勇、任万鹏（梅兰芳纪念馆）。

在巴基斯坦期间，代表团在巴基斯坦自然历史博物馆成功举办了大型图片展览“中华名人展”，访问了巴基斯坦自然历史博物馆、巴基斯坦塔克西拉博物馆、巴基斯坦国家纪念碑博物馆、拉哈尔博物馆等展览和学术机构，与巴基斯坦科技部以及相关博物馆进行了座谈和研讨。其中，代表团团长赵国顺同志在参加主持“中华名人展”开幕式之后，于11月14日回国。

二、出访成果

1. 成功举办大型图片展览“中华名人展”

当地时间2013年11月12日下午，在位于伊斯兰堡的巴基斯坦自然历史博物馆成功举办了图片展“中华名人展”开幕式。展览以图文并茂的形式，生动形象地介绍了近代以来为中华民族的崛起而做出突出贡献的八位历史文化名人的生平事迹。这八位中华名人包括20世纪的杰出女性宋庆龄、中国共产党创始人之一李大钊、新文化运动的先驱鲁迅、文化巨匠郭沫若、中国现代文学泰斗茅盾、人民艺术家老舍、中国绘画大师徐悲鸿以及杰出的京剧表演艺术大师梅兰芳。这八位历史文化名人都曾经在首都北京生活居住过，后来在不同的历史时期建设了博物馆或纪念馆。

出席展览开幕式的巴方人员有巴基斯坦科学技术部部长扎哈德·哈马德、巴基斯坦信息广播及自然遗产部常务秘书拉兹尔·萨义德、巴基斯坦信息广播及自然遗产部联秘马苏德·艾哈默德、巴基斯坦信息广播及自然遗产部联秘穆罕默德·比拉尔、巴基斯坦科技部科技基金会主席哈立德·艾哈默德·艾部普图、巴基斯坦自然历史博物馆馆长穆罕默德·阿塔博士等。参加开幕式的中方人士包括中国驻巴基斯坦大使馆孙卫东大使、中国驻巴基斯坦大使馆文化处张英宝参赞等。中国在巴的华人华商、留学生以及巴基斯坦各界人士约200人出席了当天的开幕式。巴基斯坦国家新闻电视台、科技电视台、论坛快报等新闻媒体重点报道了当天的活动。

中国驻巴基斯坦大使馆孙卫东大使，巴基斯坦科学技术部部长扎哈德·哈马德，北京鲁迅博物馆党委书记、副馆长赵国顺，巴基斯坦自然历史博物馆馆长穆罕默德·阿塔博士分别在开幕式上发表了热情洋溢的讲话，孙卫东大使还亲自担任讲解员，为巴基斯坦观众作了精彩的讲解。

展览在自然历史博物馆展出结束后，将由巴基斯坦中国留学生学生会继续负责在伊斯兰堡的多个大学和巴基斯坦的其他城市进行巡回展出，以取得更好的展出效果。

2. 与多家巴基斯坦博物馆进行行业交流，商谈合作事项

在展览举办前后，代表团与巴基斯坦自然历史博物馆进行了两次座谈，就双方进一步合作展开了广泛的探讨，巴基斯坦自然历史博物馆馆长穆罕默德·阿塔先生提出两点建议，一是希望能与中国业务相关的博物馆开展业务合作，二是希望我们八家联盟能够在合适的时机在自然历史博物馆继续举办其他主题的展览。展览开幕式第二天，代表团参观了著名的塔克西拉博物馆，这是一家以佛教为主题的博物馆，内容极其丰富，在距其不远的古城遗址，有中国唐朝和尚玄奘修行的建筑遗址（巴方介绍，待考证），代表团着重观摩和探讨了该博物馆在文化遗址原真性保护方面的经验和做法。14 日，代表团参观考察夏克巴里安山上的友谊林和巴基斯坦纪念碑博物馆。友谊林是各国领导人访问巴基斯坦时植树的地方，其中的第一棵树和最后一棵树的栽种者分别是中国总理周恩来和李克强。在这里，代表团还参观了巴基斯坦纪念碑博物馆。在纪念碑博物馆，与巴基斯坦科技基金会主席哈立德等人就两国之间的博物馆交流、互办展览进行了更深入具体的探讨。17 日，代表团途径拉哈尔回国，在拉哈尔顺路参观了著名

的拉哈尔博物馆，拉哈尔博物馆是巴基斯坦最大的博物馆，代表团成员主要就历史文化遗产博物馆的文化产品开发与文化传播与馆方开展了深入的交流和探讨。

三、体会与建议

1. 中巴两国友谊源远流长、基础深厚

代表团在巴基斯坦期间，深切感受到了中巴两国之间友谊深厚，所到之处都受到巴方民众的热烈欢迎，不管是官方人士还是普通民众，都对中国人怀有深切的感情，在巴基斯坦，我们听到的最多的一句话是“我们是兄弟”，在所有的公共场所，巴基斯坦民众都主动与代表团成员握手交谈、合影留念。由此可以看出，几十年来的中巴交往过程中，中巴友好的理念已经深入人心。但由此也可以看出，来巴基斯坦进行文化交流的中国人并不多。

2. 中巴文化交流潜力巨大、意义深远

中巴两国都是东方文化古国，都有历史悠久的古代文明和近代反殖民地独立斗争历史，同时，两国的文化传统和民间习俗又各有迥然不同的特色，因此，通过举办展览、学术交流等方式进行文化交流有着巨大的潜能。同时，我们也感受到，巴方民众对中国近代历史文化的了解还很不够。11 月 13 日《论坛快报》第 15 版发表的专题报道题目就是《认识邻居——首都博物馆展示中国形象》，文章开篇说道：“沿着那些一再重复的中巴友好的口号继续前进，中国大使馆这次努力通过他们当地的在各个领域做出贡献的著名人物来教育巴基斯坦人。”但实际上，巴基斯坦人对中国著名人物尤其是近代人物的了解是很不够的。

3. 与巴基斯坦博物馆同行交流的启示

通过与巴基斯坦的博物馆和其他机构的座谈、交流和走访，都热切希望中巴两国能够加强文化交流，互办各种类型的展览。在拉哈尔博物馆里，我们看到的有关中国展品是比较粗糙的，根本代表不了中国文化，应该加强合作共同办展，把中国灿烂的文化和文物精品呈现给巴基斯坦观众。

巴基斯坦观众所表现出来的对文化的尊重和爱国激情令人敬佩。在博物馆里我们见到更多的是有组织的中小学生集体参观，他们与中国的中小学生参观时的嘈杂有明显的不同，而是安静和有序，见到我们这些中国人也是主动上前打招呼、合影和握手，非常热情和有礼貌，经询问原来大多是乡村小学的学生。

此次国外展览带给我们诸多思考，其中如何提高观众，特别是青少年观众的素质，提升对民族文化的自豪感和对民族文化的尊重，是我们此行博物馆工作者应优先思考的课题。

记忆时空

大家风范　中国精神

北京八家名人故居联合活动十五年

弘扬精神　传播文化

秦华生

北京八家名人故居纪念馆是整合资源、优势互补、齐心协力向外界展示中华名人文化精神的优秀集体。我于 2011 年 5 月调入梅兰芳纪念馆任馆长，2012 年被推为“庄主”，主持八馆 2012 年

◀ 2012 年 9 月号《风范》杂志以《名人故居与文化传承》为主题，刊登了对北京市文物局博物馆处处长哈骏、宋庆龄故居管理中心主任艾玲、梅兰芳纪念馆馆长秦华生、老舍纪念馆馆长王志平、郭沫若纪念馆副馆长赵笑洁、茅盾故居主任郭丽娜的系列专访。（摄影李牧、陈遥）

联展。八馆团结协作，把握时代旋律，成功举办了以“文化名人与北京精神——文化名人的爱国情怀”“为中华民族崛起——弘扬文化名人的爱国情怀”“中华名人展”为主题的多项巡展活动，在大家的共同努力下，圆满完成了三大主题巡展，收到了很好的效果，影响广泛，好评如潮。

一　参加国博“5・18”国际博物馆日活动

八馆共同参加了在国际博物馆举行的“2012 年北京地区 5・18 国际博物馆日系列宣传活动开幕式暨北京博物馆 100 年纪念活动启动仪式”。我有幸代表八馆在大会上宣读《“百家博物馆进社区”活动倡议书》：“今年是北京市政府打造‘北京精神’的起步年和关年，我们又迎来了北京博物馆 100 周年。我们的展览‘文化名人与北京精神——文化名人的爱国情怀’在这里正式揭幕，从今天开始将‘从馆舍走向大千世界’。博物馆作为北京城市历史遗迹的重要组成部分，经过长期建设和发展，目前已经形成了具有北京历史记忆、具有中国地标性符号、具有世界影响力的场所。这不仅是国家的瑰宝，更是首都博物馆联盟不可或缺的重要文物和珍贵文献资源。为了更好地弘扬和利用这些资源，我谨代表北京地区的百家博物馆发出倡议：让我们以大力倡导中华民族人文精神和‘北京精神’为契机，借助首都博物馆联盟的平台，充分挖掘博物馆自身优势，采取有效措施，开展多种层面、多种形式，具有影响力的文化活动和展览活动，使博物馆走进社会、走进基层、走进百姓。”

八馆率先垂范，在京举办了系列“进社区”活动。

其一，5 月 31 日至6 月 5 日，到北京市东城区方家胡同小学进行巡展，并举办了庆祝“六・一”国际儿童节活动，邀请名人之后讲述名人在童年时代的经历和对少年儿童的殷切希望，还请民间传统艺人进行文艺表演等。

其二，6 月 11 ~15 日，在北京启喑实验学校巡展，并举办观后感征文活动。

其三，6 月 18 ~22 日，在北京市西城区柳荫街小学巡展，并举办观后感征文活动。

其四，7 月 13 ~20 日，前往北京京仪集团有限责任公司进行“文化名人与北京精神”巡展。

其五，7 月 21 ~28 日，走进东城区交道口菊儿社区。展览内容以八位文化名人在“爱国、创新、包容、厚德”方面对中华民族的贡献和感人事迹为主线，通过大量历史文献和珍贵的文物图片，展示“北京精神丰厚的人文内涵”。先后有菊儿社区居民，中央警卫团官兵，北京五中、北京一中、北京二十二中、北京黑芝麻小学、府学小学学生及东城交通文明引导员参观展览。

其六，8 月 1 日，为配合纪念“八・一”建军节，“文化名人与北京精神”展览走进公安部武警警卫八局，进行了为期一周的展览。

其七，10 月，在平谷上宅博物馆进行展览，展览深入远郊区县，并将一套展板送予该馆。

二　“为中华民族崛起——弘扬文化名人的爱国情怀”主题展览

（1）5月10日，由中国艺术研究院、北京市委宣传部、北京市文物局、曲阜市委宣传部、济宁学院、孔子研究院主办，北京八家名人故居和孔子美术学院承办的“为中华民族崛起——弘扬文化名人的爱国情怀”巡展（曲阜站）在孔子研究院孔子美术馆举行开幕式。济宁学院、曲阜师范大学的师生及各界观众先后参观了展览。开幕第二天，主办方结合展览为济宁学院师生安排了系列讲座，其中包括郭沫若纪念馆李晓虹主讲的“郭沫若的成才之路”，徐悲鸿纪念馆佟刚主讲的“徐悲

▲ 山东曲阜巡展开幕式

鸿的艺术创新”，我主讲的“梅兰芳的艺术精神和爱国情怀”，受到了济宁学院广大师生的热烈欢迎。此次曲阜巡展宣扬了八位名人的爱国主义精神及其为中华民族文化传承所做出的卓越贡献。展览共展出展板 65 块、实物 50 余件及部分真迹，其中展板资料将永久保留在曲阜孔子美术馆作为长期陈列展览。

（2）5 月 22 日，由中国艺术研究院、北京市委宣传部、北京市文物局、泰州市委宣传部联合主办，北京八家名人故居、泰州市凤城河风景区管委会、泰州市文广新局承办的“2012 年北京八家名人故居联合展览泰州巡展”在泰州市望海楼景区举行开幕式。中国艺术研究院副院长、纪委书记李长林，北京市文物局副局长、首都博物馆联盟秘书长刘超英、北京八家名人故居的主要领导、泰州市委宣传部部长倪斌等领导出席了开幕式。刘超英在致辞中说，北京八家名人故居纪念馆联盟整合资源、挖掘优势，自主联合面向社会开展巡展宣传已经 12 年，这个具有特色的文化联盟联合举办的传播名人文化、传承名人精神的特色活动已经成为特色品牌文化活动。我在讲话中感铭望海楼的文化气息，肯定这次展览既是弘扬名人的文化精神和爱国情怀，又是践行党中央提出的推动文化大发展、大繁荣，建设文化强国，迎接党的十八大召开的一次具体行动。

这次泰州巡展集中展示了八家名人故居的珍贵史料、文物及实物展品约 70 余件，展板 65 块，500 多幅珍贵文献图片，其中还有各类名人真迹展品 30 余件。展品包括：毛泽东、周恩来致宋庆龄北上参加建国的邀请信；李大钊为讲授“唯物史观”课程所编写的讲义；老舍、鲁迅的写作手稿；郭沫若、徐悲鸿、梅兰芳的书画作品；茅盾的中国作协会员证、用过的铜制墨盒等。展出时间从5月22日至6月22日。据统计，巡展开幕当天就吸引了近千名观众前来参观。有的参观者表示这次北京八大名人故居到泰州集体联展，给他们提供了一个难得的机会，很受教育。泰州市电视台、报社等多家新闻媒体都进行了翔实的宣传报道，产生了广泛的社会影响。

三　“中华名人展”亮相巴黎

应法国巴黎中国文化中心的邀请，北京八家名人故居于2012年9月20日至10月4日在法国巴黎成功举办了“中华名人展”。此次展览活动得到了文化部、中国艺术研究院、北京市委宣传部、北京市文物局等有关领导的关心和支持。

“中华名人展”于9月20日在巴黎中国文化中心举行开幕式，法国巴黎中国文化中心主任殷福、副主任沈中文及我分别致辞，我们一致讲到：中法两国文化源远流长，每一个民族都孕育出了杰出人物。这些人物是人类文明共有的财富。八位中华名人展，可让法国人民更好地认知中华文化。中国驻法国大使馆公使衔文化参赞吕军、巴黎第七区区长罗朗女士、法国文化部戏剧总监于尔斯先生、新华社巴黎分社郑甦春社长及中、法人士200余人出席了开幕式。

此次展览旨在弘扬中华文化，扩大国际文化交流，增进中法人民之间的了解和友谊。展览通过大量的实物、图片，以最直接和简洁的艺术表现形式为载体，展现了八位20世纪中华名

▲“中华名人展”法国巡展开幕式

人的生平事迹以及他们留给人类的宝贵文化遗产，传递了友谊，谱写了中法两国的和谐之音，共同促进了中法两国的友好合作与发展。

展期半个月，先后有5000余名法、华人士参观了展览，展览得到一致好评。《欧洲时报》、《中国文化报》、新华网、人民网、搜狐网以及国外多家媒体对此次展览进行了宣传和报道。

参展团成员一致认为，此次赴法举办“中华名人展”及参观法国名人雨果、莫奈、巴尔扎克故居等文化交流活动，开阔了眼界，开拓了思路，启发了新的思考，取得了宝贵经验，受益匪浅。

▲ 法国巴黎中国文化中心“中华名人展”展览现场

四　几点感悟与思考

由于我调到梅兰芳纪念馆才半年多，对展览宣传不熟悉，匆匆接手，在学中干，干中学，个中滋味，酸甜苦辣，五味杂陈。

当时，我四方寻求支持。刚开始，向文化部副部长兼中国艺术研究院院长王文章汇报“坐庄”之事，得到了他的大力支持。院外事处程永生处长积极联系，在梅兰芳纪念馆优秀家属魏军主任的联系下，西城区委宣传部领导极力支持。尤其是北京市文物局刘超英副局长以及八馆领导艾玲、崔民选、李喜云、郭丽娜、王志平、王红英等参与指导，年轻的“老庄主”赵笑洁更是全力以赴，梅兰芳纪念馆具体干活的刘惠利主任任劳任怨，使各项活动开展得有声有色，真可谓辛苦并快乐着。大家团结奋斗，结下了深厚的情谊。巡展过程中的点滴都镌刻在大家记忆的深处，滋润着心田，随着时光流逝，变成了永恒的人生回忆！

（秦华生　梅兰芳纪念馆馆长）

阳光照耀下的巴基斯坦

钱振文

2013 年 11 月 11 日，北京八家名人故居联盟又一次集结在首都国际机场，这次的目的地中国的兄弟国家巴基斯坦。

北京八家名人故居包括宋庆龄故居、李大钊故居、鲁迅故居、郭沫若纪念馆、茅盾故居、老舍故居、徐悲鸿故居、梅兰芳故居。北京的名人故居很多，这几家名人故居自 2000 年聚在一起，是因为这些故居曾经的主人都是 20 世纪中国的名人，在 20 世纪即将结束和 21 世纪就要来临的时候，几家故居单位自然而然地联合在一起，通过回顾和展示这些名人的业绩，让我们再次感受那段波澜壮阔的那段历史。

对于国人来说，八馆的主人的确都是耳熟能详的人物，但对于外国人就很难说了。前几年到国外举办展览，在和当地观众交流的时候，外国友人能说上来的比较有名的中国人物往往是孙悟空，或者再加上毛泽东。

飞机到达伊斯兰堡的时候已经是深夜，伊斯兰堡华侨华人协会主席陈宗东先生早已在此等候。飞机晚到了一个多小时，看我们充满歉意的神情，陈先生解释说，飞机晚点在巴基斯坦是家常便饭，更绝的是还有飞机提前起飞，有一次他赶到机场，结果飞机一小时前就飞走了。

▲ 巴基斯坦自然历史博物馆

我们举办展览的地方是巴基斯坦自然历史博物馆。巴基斯坦自然历史博物馆位于伊斯兰堡城边上，中间路过一个很宽阔的广场，广场上有一座很气派的建筑，当我们的车子驶近时，大家都看到了很亲切的中文“巴中友谊中心”。陈先生说，这个文化中心是温家宝总理访问巴基斯坦时定下的中国援建项目，现已建好并交付巴基斯坦，但平时不开放，因为运营起来费用太高，巴基斯坦承受不起。

巴基斯坦自然历史博物馆收藏和展览的是各种动物标本，与北京的自然博物馆类似，一个 20 多米长的蓝鲸骨骼标本横架在博物馆大门口旁边的墙上。据说这个蓝鲸标本是镇馆之宝。从主题上说，我们的展览与自然历史博物馆相差有点远，因此，中国驻巴大使馆又联系了与我们的展览内容更贴近的艺术博物馆，但自然历史博物馆馆长坚持让我们在他们馆举办展览，因为他们已经做好了各种准备工作，而且已经通知了伊斯兰堡所有的大学和中学。

上午布展的时候这种想象中的别扭就变成了现实。因为没有空闲的临时展厅，我们的展览只能在展厅进口两边很有限的墙壁上布置，然后顺着楼梯到地下的常规展厅，利用这里的墙壁悬挂我们的展板，而展板下边可能就是一只巴基斯坦沙猫或者袋鼠的标本。在工作人员布置展板的时候，我们被邀请到会议室喝茶，接待我们的是博物馆馆长穆罕默德·阿塔先生。阿塔先生滔滔不绝地讲述他们和中国同行有过的交流和加大交流的渴望，中间几次说到“Because we are brothers”（因为我们是兄弟）。之后的几天，在与形形色色的巴基斯坦人交流时，我们听到最多的一句话就是“We are brothers”。在座谈过程中，陈主席不停地问阿塔先生馆长什么时候能到，因为郭沫若纪念馆的赵笑洁副馆长特意带来了一幅国画作品，想送给为展览的成行做了很多工作的馆长先生。最后馆长先生因为有事没有来，我们只得请阿塔副馆长转交这件礼物。但到下午展览要开幕的时候，我们才知道，阿塔先生现在就是馆长，原来的馆长在四天前退休了。

虽然是国家级的博物馆，但来自然历史博物馆参观的人数并不多，据阿卡馆长说每年只有 2 万多人。在我们布展的时候，已经有成群结队的学生来馆参观，据说类似的参观活动是他们的自然课程的一部分。在我们准备开幕式的另一个大会议室的墙壁上，贴满了小学生的美术作品，主题是和自然历史博物馆相关的

"人和地球"。可见这里的确是巴基斯坦孩子们学习科学知识的第二课堂。

开幕式下午 3 点开始。几个干起活儿来慢慢悠悠的巴基斯坦人帮我们布展，但进度较慢，我们一直担心到开幕的时候不能完工，但到 2 点多的时候居然也弄好了。

开幕式的程序很特别，先在室外由中国驻巴基斯坦大使馆孙卫东大使、巴基斯坦科学技术部部长扎哈德·哈马德等剪彩，然后转移到展厅参观展览，最后到收拾好的大会议室举行开幕仪式。之所以如此安排，主要是考虑到安全问题。的确，在我们的仪式还没有开始的时候，就有不少荷枪实弹的安保人员到博物馆安装安检设施，进行安保工作。对这些背枪的警察我们并不陌生，在我们下榻的酒店大门口和门口对面的岗楼里就有不计其数的持枪警察。大街上也到处可以看到端着枪溜达的警察，尤其是在首饰店和高级饭店的门口，经常可以看到一个抱着枪就要睡着了的老警察。

展览最精彩的部分是中国驻巴大使孙卫东亲自担任讲解员，为巴基斯坦科学技术部部长扎哈德·哈马德和其他观众做精彩讲解。本来各个单位都准备好进行讲解，但我们的讲解用的是汉语，远不如孙大使直接用英语讲解流畅

▲ 孙卫东大使向巴基斯坦科技部长介绍鲁迅

和到位。参观展览后是开幕式，孙卫东大使在致辞时又一次比较详细地介绍了宋庆龄、鲁迅、老舍、徐悲鸿、梅兰芳等中国名人的事迹，对每个名人事迹的介绍是孙大使的即兴发挥，也是非常精彩的。

开幕后的第二天，巴方安排我们参观距离首都35公里的塔克希拉佛教博物馆。虽然是首都郊区，但公路并不好走。好在一路上到处是吸引眼球的奇特风景，所以并不觉得时间多么漫长。刚出城的时候公路比较宽阔，从我们的中巴车旁经过的巴基斯坦人总是能够很轻易地认出我们是中国人，这时候他们就会一边开车一边向我们很友好地招手示意，骑着摩托车的年轻人会一直跟着我们走出很远。公路上最吸引我们的景致是那些装饰得花里胡哨的货运卡车，有些载人的三轮车也有同样的装饰，这大概是巴基斯坦最独特的“风景”了。这天，伊斯兰堡的阳光非常灿烂，据说这个季节正是旱季，很长时间没有下雨了，因此到处看起来非常干燥，路边的草地也一半是绿的一半是黄。走不多远，就会看到一棵没了树皮和枝叶的枯树，白花花地戳在周围的绿色中，很是显眼。而那些没死的树也因为缺水而显出萎靡不振的样子，树干东倒西歪的，几乎没有一棵是直溜的。

▲ 塔克希拉古城由大块石头和碎石拼成的墙壁

走过一段越来越窄的乡村公路，就到了佛教博物馆。博物

▲ 玄奘曾经修行的地方

馆的陈列非常丰富，包括佛祖头像、寺庙建筑构件、珠宝首饰、古代器皿等，这些藏品都是在附近的古代都城遗址发掘的。看完展厅的藏品，我们在一所别墅建筑中喝茶。喝茶在巴基斯坦是比吃饭还重要的事情，展览开幕式结束后我们就曾在一个临时搭建的巨大帐篷中喝茶和吃糕点。估计，喝茶的习惯是英国人统治时期留下的遗产，而英国著名的“下午茶”又来源于中国。一个本来属于中国人的生活习惯辗转传递到巴基斯坦后，却让来自中国的我们觉得有点陌生。

吃完茶点，我们乘车到博物馆附近的古城遗址。

古城遗址离博物馆很近。一个在大学主修考古学的小伙子给我们当导游。他说现在的首都伊斯兰堡就是参考了这个古城规划设计的。我们在中国看到的古城遗址往往是一片其实什么都看不到的平地，如河北平山的古中山国遗址，古代的城垣早已风化成生长庄稼的黄土。但这里的古城遗址却还保留着近一米高的建筑，从残存的建筑中我们还能看出古城的城市格局。

导游带领我们沿着正对大门的一条大道向前一路走过去，曾经，这是一条很宽阔的街道，街道两边残存的建筑物的墙壁很有特色，都是用大块石头夹杂小块碎石垒砌起来的。导游介绍说，在大块石头中夹杂小块石头是为了减震，提高抗震能力，塔克希拉这个名字就是“用碎石筑成的城市”的意思。但即便如此，这个城市最后还是毁于三次大地震。街道两边是各种公共建筑，如太阳庙、墓塔，时而会看到巨大的古树，其中的一棵是传说中的菩提树。年轻的大学生导游一一给我们介绍这些残存的建筑。他很有兴致地带我们到一个圆形的半地下的地方——像一个水池，这个池子上方曾经是一个木质的建筑，导游说这里曾经是唐朝和尚玄奘修行的地方，而紧挨着这个圆形建筑的那个长方形的建筑物就是玄奘居住和休息的地方。现在，还经常有来自中国的和尚在这里朝拜。

我们沿着这条古城的中心大道向前走出很远，可以看到一排并不很高的山峰环绕着古城。如果没有频繁发生的地震，这里应该算是一块风水宝地。导游介绍说古城有 4.5 平方公里，我们走过的只是其中的一段街道而已。

往回走的时候没有再看什么了，只是感觉着脚下的衰草，呼吸混合着尘土的纯净的空气。午后的阳光依然灿烂，照在身上让人暖暖的。一个卖假文物但（也许是真文物）的当地人一直跟着我，嘴里念叨着那些东西的价钱和劝我购买的理由。那个给我们当导游的大学生也在向陈宗东主席推荐他手里的几件文物，说是当年参加考古挖掘的时候留下的。这

▲ 古城中心大道

让我想起在机场刚下飞机的事情，一个海关的小伙子借口开箱检查我们的行李，向我敲诈了一笔在我们看来并不是很大的钱财。

如果没有那个一直跟着我们的小贩，我在塔克希拉古城的感觉就会舒服很多。但这就是巴基斯坦。阳光灿烂，空气新鲜，人和风景一样自然。动乱和贫困就像阳光下的阴影，影影绰绰、似有若无地围绕在人们的身边。

（钱振文　北京鲁迅博物馆研究员）

亲历外展——土耳其

郭丽娜

每个国家、每个民族都孕育了自己杰出的代表人物，他们既是各个国家和民族的精神财富，也是人类文明共同拥有的精神财富。名人是浓缩的历史，是时代精神的集中体现。所以，了解一个国家、一个民族最为便捷的方式之一，就是从了解名人入手。中国与很多国家建立了外交关系，但相对于我国自身独特和悠久的文化历史，就目前来说，在文化领域的合作还远远不够。贸易的交流可以促进国与国的经济发展，文化的交流则可以更深层次地沟通人与人的心灵、触及彼此民族的灵魂，产生的效应会深深根植于人们的内心，这是一般经贸活动和政治交流所不能替代的。北京八家名人故居、纪念馆联合 15 年，就是遵从这个理念，在经费允许的情况下，坚持每年一次对外巡展（以下简称外展）。

刚刚过去的 20 世纪，世界发生了天翻地覆的变革，产生了许许多多社会精英。在中国，也涌现了一批引领社会进步的名人，他们在并不相同的领域分别创建了彪炳史册的历史功绩。在他们身上凝聚着中华民族的勤劳善良、坚忍不拔的品德和聪明才智。他们是中华民族文化传统承前启后的秉烛人，是百年中国的骄傲。北京八家名人故居曾经的主人：宋庆龄、李大钊、鲁迅、郭沫若、茅盾、老舍、徐悲鸿、梅兰芳，都是活跃在20世纪不同年代的文化名人，以介绍这些名人为主题的图片展，集中展示了八位杰出人物的生平活动和丰功伟业，生动感性地浓缩了中国文化，在同时代中具有广泛的代表性意义。15年来，这个展览先后在十几个国家和地区的文化中心、重点大学、博物馆等地进行，受到当地群众的欢迎和好评。

2014年八家外展活动，是茅盾故居继2013年组织在友好国家巴基斯坦巡展后，策划实施的第二个外展。由于是牵头单位，亲历整个外展过程，现把经历中一些有意义的事情做个简单回顾，以飨读者。

一　精选外展目的国

每年外展，选择目的国对我们来说都是一节非常重要且必不可少的功课，因为这直接关系到巡展的可操作性、人员安全和展览效果。在2014年初召开的八家名人故居纪念馆负责人外展讨论会上，大家提出了多个方案。经权衡比较，土耳其共和国优势明显。

2013年9月和10月，习近平总书记在出访中亚和东南亚国家期间，分别提出建设“新丝绸之路经济带”和“21世纪海上丝绸之路”的战略构想，强调相关各国要打造互利共赢的“利益共同体”和共同发展繁荣的“命运共同体”。

西汉（公元前202年至公元8年）张骞出使西域，开辟了以长安（今西安）为起点，经甘肃、新疆，到中亚、西亚并连接了

▲“中国名人展”代表团与土耳其 DUGOS 大学工作人员合影

地中海各国的陆上通道。在这条西运路上运输的货物中，中国丝绸制品影响最大，故得此名。当然，在这条路上与丝绸一样名贵的物品还有中国瓷器。

土耳其是古丝绸之路重点国之一，历史上的土耳其曾经是罗马帝国、拜占庭帝国、奥斯曼帝国的中心，也有着数千年悠久历史并保留着前后 13 个不同文明时期的历史遗产，是世界上唯一同时拥有西方和东方文化、种族、历史的国家。东罗马帝国和奥斯曼帝国时代留下的丰富建筑遗迹，被称为世界建筑艺术宝库中的奇葩。在土耳其至今仍保存完好的中国唐代驼队休息驿站、托普卡帕宫里收藏的 1400 余件宋、元、明、清等不同朝代的珍贵瓷器，都说明两国自古友好往来，相互影响。新中国成立后，自 1971 年 8 月中土两国建交，双边关系不断发展，土耳其逐步成为中国在亚洲的最大贸易伙伴。“一带一路”战略构想是国家顶层

▲“中华名人展”代表团到土耳其安卡拉大学进行文化交流活动

设计，我们顺应历史潮流，经济发展文化先行，把展览融入“一带一路”。通过展览，传递文明古国在追赶现代文明进程中与世界共进并始终秉持和平崛起的理念，让更多的土耳其人了解今天的中国，这就是当时与会者一致同意把 2014 年外展搬到土耳其共和国的不二理由。

二　全力促成展览

2014 年 2 月初，郭沫若纪念馆副馆长赵笑洁、茅盾故居主任郭丽娜一同拜会了北京大学土耳其语老师艾登先生以及土耳其在清华大学、北京语言大学、北京外国语大学任教的多位学者。在他们的牵线协调下，我们与土中文化协会伊凡会长取得了联系。

会长通过电子邮件详细阅读了我们的展览计划和展陈大纲，认为这是一个非常好的文化交流活动，是不可多得的交流机会，即决定亲自来北京与我们洽谈展览方案。3 月上旬，初春的天气乍暖还寒，伊凡会长偕夫人来到北京，郭丽娜代表八家名人故居纪念馆拜会了他们并就展览学校（博物馆）、场地、开幕式等细节展开了广泛的讨论。经认真考虑、具体分析，最后敲定把展览放到土耳其伊斯坦布尔 DUGOS 大学。

会长介绍，DUGOS 大学建校于 20 世纪 90 年代，是一所私立国际学校。学校特色是开有多种语言学科，吸引了世界不同国家和地区的 2500 名学生。学校设有 15 个专业，师资力量雄厚，不少世界顶级教育家在校任教。除此之外，学校有成熟的展览场地，有可容纳 300 人的阶梯礼堂，更有一批热爱中国文化的多国籍学生，是举办文化类展览活动的最佳场所。

从 3 月 10 日伊凡会长离开北京直到 4 月 20 日收到会长秘书——毛女士发来的邮件，告诉我们经过沟通协调，DUGOS 大学同意与我们共同举办展览。与合作函同时发来的还有该校简介、场地照片。终于等到了满意结果！在这一个多月的漫长等待中，牵头人最为煎熬。因为，一切开始了，但一切都未明了。等待期间还不时接到对方更改合作学校、调整巡展时间等事宜的协商电话和邮件。离预定出发时间越来越近，焦急的心情也与日俱增。土耳其、北京有 6 个小时时差（土耳其上午 9 点是北京下午 3 点），在展览没有出发之前的整个联系阶段，大家戏称牵头人的上班时间为北京土耳其时间，每天工作超过 8 个小时，10 个小时也是常态，直到双方签订合作协议，悬着的心才终于落地。

三　伊斯坦布尔印象

经过半年的磨合、准备，7月10日凌晨，我们一行9人，在团长梅兰芳纪念馆秦华生馆长、副团长郭沫若纪念馆崔民选馆长的带领下，乘上了国航CA5231航班，向土耳其共和国出发。经过10小时22分的旅行，于当地时间7月10日晨5点30分抵达土耳其最大城市——伊斯坦布尔。一出机场，就看到早已等在机场的土中文化协会翻译——咪娜女士。大巴车驶到酒店，大家简单洗漱后直奔DUGOS大学布展。

由于抵达时间较早，学校还没开始上课，汽车缓缓向学校驶去，司机有意让我们乘机欣赏沿途风光。来前，大家也做了足够的功课，但进入实地还是有很多惊喜。整个城市干净有序，一栋栋红顶大理石建筑把城市装扮得热闹但不扎眼。斑驳古老的城墙边有很摩登的现代建筑，奇怪，这种混搭看上去一点都不突兀，相反，是那么协调。这让我们对这座城市的定位产生了错觉，是个古老城市，还是个摩登城市？现代和传统协调共存，真是不可思议。在横跨博斯普鲁斯海峡大桥时，翻译告诉我们就要进入欧洲了！大家还没从欣赏美丽的建筑风情中觉醒过来，又一

▲“中华名人展”开幕式，梅兰芳纪念馆馆长秦华生致辞

个惊喜在等着大家。湛蓝的海水中海豚不时在跳跃、戏耍；海岸两边坐落着不同建筑，能明显分辨出亚洲区、欧洲区；游艇、帆船点缀在海面上，让我们这些北京旱鸭子向往无限。也许是惊喜太多大家还没适应，也许是面对陌生翻译咪娜还要装几分矜持，当时车内静悄悄的，每个人都面向窗外，沉浸在遐想中。突然，咪娜大声说，看，远处山坡上一排排红色建筑就是我们要去的学校。顺着咪娜手指的方向，DUGOS 几个字母一字排开高高挂在红屋顶上，很是醒目壮观。

四　团队的力量

迎接并协助我们布展的是一位天津姑娘——刘丽。在异国见到同胞很是亲切，听到母语我们对接下来的工作更有了信心。校长安排学校语言系主任麦克先生做我们的合作伙伴。麦克先生是一位英籍帅哥，任该校语言系主任，其本人也是一位英语教师。语言系有数位美女老师，刘丽就是其中之一。在选址、布展的过程中，刘老师告诉我们：学校没有汉语专业，但有汉语选修课。近年来，中国的崛起带动了学汉语热，以前选修她科目的学生不足 5%，到 2014 年达到 30%，这使她的工作量陡然飙升，每天忙得顾不了家，小女儿已经频频提出抗议。转而她又说：这也是好事，尽管忙一些，但看到汉语逐渐成为一种世界语心里还是有说不出的高兴，这也是海外游子能为祖国做的最直接的事情。刘丽代表的是数百万海外赤子，我们对她们怀有的赤子情怀深表敬意。

布置展览既是脑力劳动，也是体力劳动。因为展览布置得是否优美协调，直接影响展览效果。一般外展都是团员亲自动手，开箱、拉线、装钩、挂展板等工作其实很有些技术含量。我特别自豪八馆的工作作风，尽管隶属单位不同，但大家干活从来不偷懒，脏活累活抢着干。这也是我们这个团队能牵手至今的关键所在。这次也不例外，无论是团长、副团长，还是年轻的、年老的团员，一个萝卜一个坑，目标只有一个——用我们的双手呈现出最好的展览。

▲“中华名人展”土耳其巡展的布展工作

校方也很给力，为我们制作了多块 PPT 宣传海报和横幅，以渲染会场气氛和引导学生入场。色彩斑斓的图片，把学校礼堂装扮得富丽堂皇，非常夺人眼目，还没开展就引来众多师生观看和记者采访。经过一天的劳动，布展已经基本完成，这时团长发话：回酒店补觉！听到号令，大家这才感到疲惫，一算时间我们居然已经 24 个小时没合眼了。

7 月 11 日上午 10：00 如期举行“中华名人展”开幕式，刘丽老师和索菲亚老师共同担任主持人。顺便介绍一下，DUGOS 大学有多位老师曾经就读于北京语言大学和北京外国语大学，都能说流利的汉语。年轻的索菲亚老师是这支队伍中的一员，在开幕式上她担任汉译土翻译，而刘丽老师则负责土译汉翻译。出席开幕式的土方领导及嘉宾有：土中文化协会会长伊凡先生；中土文化交流中心领导；DUGOS 大学校长穆斯特法先生；DUGOS 大学语言系主任麦克先生以及师生 150 余人。在介绍了来宾后，首先由 DUGOS 大学校长穆斯特法致欢迎辞，然后是中土协会伊凡会长致辞，他高度评价了这个展览，并为能获得承办此次展览机会而高兴！同时，他还转达了中国驻伊斯坦布尔领事电话贺词，大意是：北京八家文化名人故居纪念馆的同志们，得知你们于 7 月 11 日在 DUGOS 大学举办展览开幕式，由于你们的开幕式与祖国驻土耳其大使馆大使更换交接时间相冲突，大使和领事都不能亲临现场助兴。你们的展览非常好，展览会使更多的土耳其人民了解中国，希望国内有更多像你们这样接地气的展览走进土耳其，

▲ 中土双方工作人员合影

为中土友谊架桥。你们辛苦了，预祝展览取得圆满成功！听了领事的贺词，我们无比激动，这是对我们工作的最高褒奖。第三位致辞的是代表团团长秦华生先生，他说：感谢大家聚集在人文气息浓厚的 DOGUS 大学参加今天的“中华名人展”开幕式，我谨代表这次参展的中国北京八家名人故居纪念馆向到场的各位嘉宾表示热烈的欢迎！向大力支持此次展览的 DOGUS 大学、中国驻土耳其大使馆及使馆文化处、土中文化协会、中土文化交流中心的领导以及所有为此做出贡献的中土有关单位和人士，表示衷心的感谢！……我们还希望借这次访问土耳其的机会，进一步了解土耳其的悠久历史、灿烂文明和贤达名人，相信我们还有机会充分感知土耳其民众对中国的友好之情，为此我们将备感荣幸和骄傲！秦馆长结束慷慨激昂的致辞后，紧接着向土中文化协会、DUGOS 大学等单位和友好人士赠送了中国字画，此举深受大家欢迎，也把开幕式推向了高潮。伊凡会长代表承办单位回赠我们一个写有“土中友谊长存”字样的土耳其瓷盘，开幕式在热烈友好的气氛中结束。值得一提的是，参加开幕式的还有中国驻伊斯坦布尔两所孔子学院院长张先生和刘女士，新华社驻土耳其记者站芦记者以及当地华人报、网络报记者数名。开幕式结束后举行了剪彩仪式，之后全体与会者一同观看了展览。

此展览在 DOGUS 大学巡展 15 天后，移至伊斯坦布尔孔子学院继续巡展。接下来我们一行 9 人前往土耳其首都安卡拉，与安卡拉大学师生进行座谈交流。在伊斯坦布尔和安卡拉期间，我们先后参观了索菲亚博物馆、安纳托利亚博物馆和古城堡遗址等文化类博物馆。

五　感受文明

这次外展，使我们有机会近距离接触土耳其民众，亲身感受土耳其人民的热情友好、智慧善良。通过参观城区古遗址和与同行对口交流，我们看到了差距。第一，土耳其政府对文物保护有着独到理念——文物保护要遵从自然，绝不臆造。在熙熙攘攘的街道上随处可见古城墙，有的已经倾斜。每每看到这种景象，我们就会用惋惜的口吻问咪娜，为什么国家不修复，倒塌了多可惜呀！干脆我们做志愿者来修复吧！咪娜的回答让我震惊，她说："在没得到政府允许的情况下，任何文物是不能随意修复的，只有当文物评估师确定应该加固了才能做。修复，就要用新的砖，工人修复后要在新墙体上标明修复日期，让后人能分辨哪些是新的"。随后咪娜带我们验证了多处新修复的墙体，我们也一一在这些地方找到了刻着的时间。第二，细节彰显文明。蓝天白云、海水湛清；鸟群在天上自由飞翔、鱼儿在水里戏耍追逐；街道不宽阔但干净整洁；水面、路面见不到垃圾，百姓出入举止文明。这些自然和人文景观，构成了伊斯坦布尔城市的基本画面。北京人关注路况，在连接欧亚大陆的主干线上川流不息的车辆超过北京，遇到上下班高峰堵车也堪比北京。但在车辆缓慢通行的过程中，听不到刺耳的喇叭声、看不到加塞现象，人们有序排队静静等候……这些细节既反映了土耳其人对历史的尊重，对文物的敬仰，对自然的敬畏，也反映出土耳其民众的高度自制力，值得我们学习。

六 走在时代前沿

2014 年的外展与往年有所不同，行走在丝绸之路上，我们可以直观地认识到世界是一个有着多元文明的世界，而文明需要平等交流、包容开放；文明也需要精心呵护、与时俱进。没有对其他文明的尊重和平等相待，再伟大的文明也难以持续。外展也使我们深刻理解到，博物馆是城市乃至国家的“金名片”。我们为土耳其带去了中国博物馆的形象，宣传了博物馆的发展现状。通过交流，我们对土耳其博物馆行业也有了新的认识。总之，交流带给博物馆人创新理念，只要带着目的去巡展，就一定会有精彩的收获。

2014 年 6 月 22 日，“丝绸之路”起始段和天山廊道的路网被正式列入世界遗产名录，古丝绸之路这个人类历史上由经贸文化交流形成的奇迹，再次成为世界瞩目的焦点。2014 年 11 月 7 ~ 12 日，在中国召开的 APEC 会议上，习近平总书记正式提出共建“丝绸之路经济带”和“海上丝绸之路”的战略构想。

21 世纪是强调和平、发展与合作的世纪。为促进这些目标的实现，最理想的办法，在国际和地区层面来看，都是开放的沟通和经验交流。北京八家名人故居纪念馆选择土耳其——丝绸之路重点国为 2014 年对外巡展目的国，切中国家方针、政策，走在了时代前沿。作为文化名人故居、纪念馆的工作人员，我们有责任和义务通过“中华名人展”把中华民族精神传递出去。中国又处在了一个历史转折时期，为实现中华民族伟大复兴的中国梦，我们还会继续走下去。

（郭丽娜　茅盾故居主任）

赴加拿大文化交流的感想体会

王红英

应加拿大加中文化发展协会的邀请，北京八家名人故居纪念馆代表团一行 8 人于 2011 年 9 月 19 ~ 24 日赴加拿大进行了以“和平、友谊、文化、发展”为主题的文化交流活动。我们在加拿大最大的城市多伦多参观和访问了安大略省皇家博物馆、多伦多大学、皇后大学、皇家军事学院、蒸汽博物馆，在首都渥太华参观和访问了国家文明博物馆、唐人街、总督府等。

收藏中国文物最多的外国博物馆

通过交流，我们了解到加拿大博物馆业发展的历史并不长，1951 年加拿大共有 161 家博物馆。1967 年加拿大举行建国百年纪念活动时，政府顺应民意开始重视博物馆建设，以发掘和保护国家的历史文化遗产。1972 年，政府正式出台了国家博物馆政策，首次向首都渥太华之外的博物馆项目提供资助和支持，各省政府也出台了相应的配套政策。博物馆开始在加拿大各地蓬勃发展起来。

据加拿大博物馆协会统计，到 2009 年，加拿大拥有博物馆

▲ 八家名人故居纪念馆代表团赴加拿大进行文化交流

2500 多家，每年吸引国内外参观者达 5900 万人次，年收入约 170 亿加元（1 美元约合 1.2 加元）。此次赴加拿大我们参观和访问了其中著名的安大略省皇家博物馆和加拿大文明博物馆。在交流中我们了解了该博物馆的运营模式和管理方法。

安大略省皇家博物馆是北美洲大型博物馆之一，也是加拿大最大同时拥有最多收藏品的博物馆。它包含的项目有自然科学、动物生态、艺术及人类学等。这里收藏了中国本土以外最丰富的中国艺术品，还有希腊、埃及、古罗马等其他国家的珍贵艺术品。馆内还收藏了埃及文物（如木乃伊）、矿物和蔚为壮观的脊椎动物化石（如恐龙化石）。此外还有鸟类馆，收藏了种类繁多的鸟类标本。藏品 500 万余件，其中中国文物 3 万余件。该馆采取的是企业管理的运营模式，即董事会制度。资金来源由三个部分组成：政府、基金会、私人。机构设置庞大，分工明确，主要的部门有藏品及研究部、展览计划部、展览和新闻媒体资源部、教育部、市场和营销部以及基金会等。经过交流我们认为，由于国家经济体制和个人文化投资观念不同等，中国和加拿大博物馆的运营及管理方式存在着很大的差异，加拿大的许多管理理念值得我们借鉴。另外，加拿大观众对博物馆的尊重也使我们很受感动，比如，加拿大人一向装束较为随意，但是他们进博物馆一定要着正装，这一点，充分体现了观众的文化素养以及观众对文化的崇敬。此行对我们进行博物馆公众教育有很大的帮助，开阔了我们的视野，启发了新的思考。与此同时，加拿大的文化机构对八家名人故居纪念馆整合资源、联合开展宣传活动的方式非常赞赏。我们也给他们介绍了八馆联合的缘起和联合 11 年来举办的展览和文化活动，其中包括经验和做法。他们认为这种联合非常难得，同类型博物馆自主联合，各馆轮流主持，抛开本馆的利益，做到宣传资源共享，面向公众举办各种公益活动，这种精神是值得学习和敬佩的。

加拿大华人更渴望了解中国文化

通过座谈交流，我们感到虽然加拿大是文化元素多样化的国家，但是他们对别国的文化还是知之甚少，特别是对中华民族的文化认知度十分有限。即便华侨也是这样：当地第一代华侨为了生存而拼命地赚钱，无暇宣传本民族的文化，而第二代乃至后代的华侨，更加缺乏对中华文化的了解，其中竟有将“孙悟空”说成是中华名人的，因为他们看得最多的就是台词较少的“猴戏”。

而现在在加拿大的华人约有 120 万。当地一家名为 MANIFOLD 数据公司的最新资料显示，仅大多伦多地区就约有华人 46 万，他们渴望了解本民族的文化，他们需要提升民族自豪感。

▲ 八家名人故居纪念馆代表团与加拿大同行进行业务交流

加方邀请单位加中文化发展协会目前正在积极努力推介中国文化。比如，为了让更多的加拿大人——特别是当地年轻的华裔深入了解中国悠久和灿烂的历史文化，他们把每年的 5 月定为“中国文化推广月”，他们表示非常欢迎八家名人故居纪念馆的展览、讲座、文化交流活动等加入这个推广月活动中，以便更好地宣传中华民族的民族精神和中华民族优秀的代表人物，让全世界各民族共享属于全人类的文化遗产。

（王红英　老舍纪念馆副馆长）

我在 2014 年的两次讲座

梅　玮

我是梅兰芳先生的曾孙，同时是梅兰芳纪念馆的工作人员。从我还没有正式进馆工作开始，就一直参与八馆展览及相关的纪念活动。记得 2007 年，我还在读研究生，当时纪念馆的馆长就让我参加了在清华大学举办的八馆纪念演出活动。我为清华师生演唱了梅兰芳先生的代表剧目《霸王别姬》选段。那时我第一次了解到北京八家名人故居纪念馆。

▲ 梅玮为华中农业大学师生表演梅派代表剧目

时光飞逝，我已经在梅兰芳纪念馆工作了八个年头。八年来，八馆的对外宣传展览工作一直没有停歇。八馆每年都会选择一个新的主题对八位名人进行全面的介绍与宣传，而我也和馆里的老师们一起对展览的内容不断进行编辑和调整。在工作的过程中我发现，我对梅兰芳的认识在整理和编辑展览内容的过程中不断加深，在讲解的过程中不断提高。同时，对于除了梅兰芳之外其他七位名人的了解也越来越深刻。所以，八馆举办的活动，不但是对八位名人最好的宣传与纪念，对于工作人员来说也深有益处。

2014 年，在刘慧利主任的帮助和推荐下，我参加了八馆在中国妇女儿童博物馆和华中农业大学的活动，并且作了两次讲座。当刘主任将这个任务交给我时，我的心情十分忐忑。因为在此之前，我都是坐在台下听讲座，从来没有想过坐在讲台上。经过认真的准备，我比较顺利地完成了任务。让我感到欣慰的是，台下的观众都在聚精会神地听我的发言，有些观众还在做笔记。发言结束后，很多观众向我提出了问题，有些问题非常深刻。

在中国妇女儿童博物馆举办讲座是在一个炎热的下午。下午是人最容易发困的时刻，但是，在讲座过程中，观众都很认真地听我的讲述，并且时不时地点头。讲座结束后，我得到了观众和八馆领导的肯定。这也让我增强了信心。

在华中农业大学的讲座时间定在了晚上七点半，当我到达讲座现场时，台下已经是座无虚席。我离开校园的时间也不长，比较了解学生们的心理，所以，我以和同学们聊天的方式对梅兰芳的一生进行了介绍。因为我知道，学生们在完成一天的学业后已经比较疲惫，如果以很严肃和枯燥的口吻讲述，他们肯定会觉得无聊，对很多知识的印象也就不会深刻。事实证明，我选择的方式是正确的。学生们听得既认真又愉快。在讲座结束后，学生们都积极踊跃地向我提问。讲座在愉快和活跃的气氛中结束。

▲ 梅玮在中国妇女儿童博物馆进行讲座

八位名人的人格品德和造诣成就，无不散发着耀眼的光辉。他们每一位，都是当今社会主义核心价值观的践行者和先行者，所以，他们的人生经历与事迹，不应该仅仅停留在书本上，也不应该仅仅展示在纪念馆里，而是应该走到大众的身边，走进观众的心里。大众并不是不想去了解，而是他们有时候没有机会去了解这八位名人的品德、造诣以及人格内涵。在现在这个快节奏的时代里，人们尤其是年轻人已经很难有时间沉下心来去以学术的眼光深层次地探寻和理解八位名人，所以，我认为以一种比较轻松愉快的方式让大众对八位名人有所了解成为一种比较好的方式。八馆联盟成功地做到了这一点。这也恰恰符合习近平总书记提出的大力弘扬和宣传中国社会主义优秀文化的基本国策。相信如果八位名人在天有灵，也一定会深感欣慰的吧。

（梅玮　梅兰芳纪念馆馆员）

乌兰牧骑的一名小兵

张　宇

我于2002年参加工作，2014年是第12年。前六年，我在北京鲁迅博物馆工作，后六年，我在郭沫若纪念馆工作。八家名人故居联合巡展已经进入第15个年头，我是在这支“乌兰牧骑”中成长的一名小兵。

大学毕业后我进入北京鲁迅博物馆社会教育部工作，当时的社会教育部主任是郑智老师。她是我的良师益友，是我在博物馆宣传领域的领路人，是我职业生涯中最尊敬的人。同时，郑智老师也是名人故居联合活动的发起人之一。正是因为有了她，我才能加入这支乌兰牧骑，才能不断地从其中吸取养分，迅速地成长。

对于名人故居的活动，我最开始并没有什么全局的概念。从接触鲁迅先生的生平，到针对不同的宣传主题，找出契合的资料，我的业务范围只是在鲁迅先生的资料中，对于其他的名人故居，并没有太多的了解。

对名人故居联合活动有了全新的认识是从2005年开始，那一年是中国人民抗日战争胜利60周年，当年展览的主题是“传承先进文化，追寻世纪名人”。为了纪念抗战胜利 60 周年，除了展览还举办了很多其他的活动。我们在金帆音乐厅举办了诗歌朗诵会，在广电总局的礼堂举办了“不能忘却”文艺演出。在这些活动中，我接触到其他名人故居的同行，也第一次感受到了展览之外的文化活动的扩展。

2008 年，我调入郭沫若纪念馆工作。何其幸运，主管我工作的领导赵笑洁老师，也是名人故居联合活动的发起人之一。我正式在郭沫若纪念馆工作的时候，当时的馆长郭平英老师对我说，你是何其幸运，可以在中国现代文化界的两位巨人的纪念馆工作。一晃 6 年过去了，老馆长已经退休，我仍然跟随赵笑洁老师从事博物馆的宣传工作。这些年，通过大家的努力，名人故居的活动更加丰富多彩，形式不断地创新，影响不断地扩大。今天，京城名人故居的系列活动已经成为博物馆界的知名品牌，我们的同事们组成了一支文博行业的乌兰牧骑。

在名人故居的合作中，每年都会有贴合时政的主题，每年都会有创新，15 年从不相同。为了配合国家对传统节日的宣传，从 2008 年清明节被定为法定假日开始，名人故居共同推出了“清明时节缅怀名人走进故居”的系列活动。随着活动知名度的不断提升，参与活动的名人故居自身价值都得到了升华。

2014 年是名人故居活动开创以来的第 15 年，作为一个总结性的成果，大家决定将 15 年走过的历程集成一本书。正因为这样，我们采访了很多活动的亲历者。在与他们的谈话中，我深深地感受到他们对故居活动的投入，对故居活动的认可，对故居活动的喜爱。他们提及的那些事，把我拉回了当年布置展览的现场，

▲“中华名人展”在赤峰市巡展

▲“中华名人展”在学校巡展

我似乎又坐到了那辆让很多人无限回忆的奥拓车上。

从开始工作到今天，12 年转瞬即逝，很多纪念馆的领导已经退休，一起工作过的同事也因为种种原因在不断地变换工作，但在名人故居的活动中大家结下的友谊从未改变，大家都把这个团体当作了家，把曾经在一起工作过的同事当作了永远的朋友。虽然各自单位的隶属关系不同，但不妨碍我们为了一个共同的目标，一起努力和奋斗。我愿意永远做一名乌兰牧骑的小兵。

（张宇　郭沫若纪念馆馆员）

我与北京八家名人故居的N次亲密接触

胡　森

旧，你是旧的，匆匆走过了15载，你风雨兼程；

新，我是新的，扬帆起航于15年，我伴你前行！

2014年，是我迈出校园走进社会的第一年。在这一年，我告别学生时代的稚气，带着好奇、兴奋和些许紧张走进一片新天地——郭沫若纪念馆，开启了我的工作之旅。在这一年，我接触到了一个由北京八家名人故居纪念馆组成的名人类博物馆联盟——北京八家名人故居。我将在这里初窥门径，作为一个初出茅庐的“小学生”，在这个组织中成长、成熟与成才。

我参加的第一次校园巡展活动

时间：2014年5月29日　晴　37℃

地点：北京·西四北四条小学

“‘童’心品先贤　‘绘’集中国梦”——庆“六一”社会大课堂主题嘉年华活动是我第一次参加的八馆的校园活动。

在活动筹备阶段，我的工作就是为学校的孩子们挑选适合四

▲ 在西四北四条小学举办的庆“六一”社会大课堂主题嘉年华活动中，胡森为同学们检查知识问答题答案

至六年级学生的知识问答题，设计互动环节游戏，为孩子们准备兑换的纪念品。活动当天，与孩子们共同观看了八馆和学校安排的别具匠心的开幕式及花式篮球表演。戴着孩子们亲手为我系上的红领巾，看着孩子们积极踊跃地参与旧时的儿童游戏滚铁环，孩子们拿着我们为他们准备的知识问答题，认真地阅读展板，遇到不懂的问题与我交流，完成答题时，就飞快地奔向我，检查答案并盖章，然后高高兴兴地拿到他们心仪的纪念品。

在与孩子们的交流中，我竭尽全力为他们带去知识；在与孩子们的游戏中，我又仿佛被他们拉回到了童年；而在与孩子们的互动中，我感到在与他们共同成长。

我参加的第一次市内巡展活动

时间：2014 年 7 月 23 日　晴　37℃

地点：北京·中国妇女儿童博物馆

在本次市内巡展中，结合妇女儿童博物馆的受众群体及展览特色，八馆因地制宜地在妇女儿童博物馆推出侧重于宣传 20 世纪文化名人的人格和家风的展览。

这次巡展也是我代表郭沫若纪念馆第一次在巡展开幕式的舞台上讲郭老。俗话说，万事开头难，首次在巡展中讲解的我不免有些紧张与激动，拿着麦克风的手冷汗直冒。当平日里反复准备的讲解词不由自主脱口而出时，当观众温和而认真地看着我、期待着我的每一句话时，我的紧张情绪渐渐得到了缓解，逐渐进入了状态，声音也平静起来。当我带着观众走完介绍郭老的展板时，不由得长长地舒了一口气，若信步登岸而回首平湖。自此，我开始对自己的讲解有了一种勇气和信心。

除了开幕式上的讲解工作，我还参与了与中国妇女儿童博物馆的沟通联络工作，协调安排了三场公益讲座。围绕家风的主题，设计讲座内容，取得了较大的成果。可以说，场场爆满，精彩纷呈。

▲ 在中国妇女儿童博物馆巡展开幕式上，胡森为全国妇联书记处书记、中国妇女儿童博物馆馆长邓丽、全国妇联宣传部副部长朱晓征及观众讲解

▲ 在华中农业大学巡展开幕式上，巡展工作人员与华中农业大学师生合影

我参加的第一次国内巡展活动

布展时间：2014 年 11 月 3 日　晴　16℃

撤展时间：2014 年 11 月 27 日　中雨　12℃

地点：武汉 · 华中农业大学

这是我第一次全程参加的八馆国内巡展。从展品的收集到展品的核对，从打包到寄送，从布展到撤展，林林总总，悉数在列。

本次展览中，实物展陈更加丰富多彩，与展板配合得相得益彰，使观众有更加深刻的感受，获得了更好的展览效果。为了配合本次展览，校方特组织“金秋雅韵”诗文朗诵会，演绎了宋庆龄、李大钊、鲁迅、郭沫若、茅盾、老舍、徐悲鸿、梅兰芳先生的诗歌、戏剧等相关作品。诗文朗诵会配合着展览，充分调动起了学生们的积极性，使他们身临其境、感同身受，使展览“动起来”“活起来”“会说话”！

布展时，武汉艳阳高照，像是在迎接八位名人展览的到来；撤展时，武汉的靡靡细雨又像是在为作别我们的展览烘托气氛。

（胡森　郭沫若纪念馆助理馆员）

我与“八大名人故居联盟”

张东伟

“八大名人故居联盟”在我头脑中的最初印象是零零散散的，它到底是怎样的一个团队，怎样的一个联盟，怎样的一群人，对我来说一直是一个“不解的谜”。真正与他们发生联系，要追溯到2010年末。

记得是在2010年10月，北京市文物局博物馆协会组织全市范围博物馆系统业务学习培训。由于是初次参加这样的培训，所以在市里进行理论培训的几天里，认识的人并不多，能留下印象的更没有几个，唯独有一个人从第一天起就给我留下了深刻的印象。那是一个个子不高，但总给人以精明干练、能说会道的感觉的“小女人”，她与协会各位老师见面时那种热络、默契、谈笑风生让我觉得“这个女人不简单”，从而有了结识她的想法。后来从别人的口中得知，她是“八大名人故居联盟”的重要一员，郭沫若纪念馆的副馆长赵笑洁，也就是从那时起，冥冥中就注定我将与“八大名人故居联盟”有千丝万缕的联系，将与八馆的团队成员建立亲如兄弟姐妹的关系。

在接下来的几天异地学习考察的日子，我渐渐地与大家认识了，同时认识了当时同为“八大名人故居联盟”一员的李大钊故居的王洁大姐。从她们两人口中，我对“八大名人故居联盟”有了初步认识。“联盟”是由 8 个大小不一、不同归属但同时又是非常有声望、非常有影响力的名人故居纪念馆所组成的一个同盟体。这个同盟体自建成之日起，便共谋划、共奋进、共发展，每年都会根据社会热点问题、国家大政方针等组织举办展览活动，并成功地将展览推出北京，走向世界，成为北京市文物局的品牌活动。“联盟”是一个敢想、敢干的团体，成功打破长久以来存在于许许多多博物馆人头脑中“小不能做大、小不能做精、小不成品牌、小不能知名的”的思维怪圈。“联盟”是一个团结的大家庭，一个友爱的大家庭，一个到处充满无私帮助、无私奉献的大家庭，那里有一群朴实、善良、热情、友爱、真诚的兄弟姐妹，在那里任何问题都不是问题，任何问题都会在大家的帮助和共同努力下得到解决。初步概念的形成，更让我有了走近他们的冲动，而这种冲动也只单单来自对“联盟”神话般的崇拜，真正让我走近他们，了解他们，成为“联盟”的外延，最大化地享受友情、友爱，得到无私的帮助，还是从 2011 年到现在短短四年的时间。1400 多天，“联盟”让我对友情有了更新的理解，更深的认知。友情是什么？友情是一本读不完的书，友情是一条走不完的路，友情是一曲美丽动人的华尔兹，友情是一杯沉淀深情厚谊的绿茶。

得到“八大名人故居联盟”第一次也是最重要的一次帮助是在 2011 年初，当时我刚刚出任单位的掌舵人不久，上任的喜悦很快就被面临的难题冲淡了。上宅文化陈列馆是 1989 年建立

▼平谷区上宅文化陈列馆

▲ 平谷区上宅文化陈列馆全景

的一个新石器文化的专题馆，作为区县小馆存在着资金少、展览单一、专业人员缺乏和无独立办展经验等诸多问题。作为一个有理想、有抱负、有责任感的年轻领导，我上任后的第一个决定就是：要改变以往那种“看摊守业”的传统做法，积极开展博物馆的业务工作，制作并推出新的展览，开展内容丰富、形式多样、有品位、有文化内涵的活动，改变陈列馆本地人不知、外边人不晓的状况，使其真正成为平谷文化宣传的窗口，平谷对外宣传的一张名片。但想到容易做起难，在一穷二白的现实面前，雄心壮志显得如此苍白无力。这种状况直到无意间发现2010年10月出外学习的通讯录才有了转机。“他们能帮我吗?”怀着忐忑的心情，抱着试试看的想法，我拨通了郭沫若纪念馆赵笑洁大姐的电话，寒暄之后，我说出了此次电话的目的，没想到，大姐很痛快地答应了，并约我到馆里面谈。第二天，我如约前往。这是我第一次拜访郭沫若纪念馆，进门便有了家的感觉。大姐推掉了所有的事务，亲自带我看馆内环境，参观展览内容（包括未开放区），并详细介绍了馆内情况。对我提出的相关问题、困惑一一解答，并给出了中肯的建议。中午她还特意安排“八大故居联盟”的部分成员与我认识，我们在一起探讨博物馆发展的趋势、谈论博物馆工作的心得、交流传承发展历史文化的经验……就是这次简单的碰面，让我结下了与八大名人故居的“一世情缘”。这件事看起来虽小，但它存在的意义却很大。在之后的几年中，我不断得到“八大故居联盟”的帮助，从他们那里学到的不仅是知识、工作经验，更多的还有做人的道理。我们也由生疏到熟悉，最终成为好朋友、好兄弟、

▲“反腐倡廉话甲申”平谷巡展现场

好姐妹。

四年间，上宅文化陈列馆除了由“八大名人故居联盟”引进诸如“北京名人的爱国情怀”“反腐倡廉话甲申”“文化名人与北京精神”等展览外，还自行设计制作了诸如“平谷民俗展”“中华传统节日展”“保护水资源从我做起”等多个社会反响很大的展览，依托这些展览，还开展了文化活动进学校、进社区、进农村、进部队、进大集的“五进入活动”，受益观众几万人，得到了社会的好评和领导的认可，为此我们年年获得系统先进单位称号，2012 年还获得市校外教育先进单位的殊荣。陈列馆能在很短的时间内实现自主设计制作展览由无到有，巡展活动由少到多，活动形式由单一到多样，由无知到被社会认知等多个转变，是与“八大名人故居联盟”的帮助与支持分不开的，所有成绩的取得最终源于“友情”。正是有了友情的存在，平谷区上宅文化陈列馆的工作才做得如此出色。

通过几年的交往与合作，我已自然地将自己归入他们的队伍，他们也将我纳为联盟的有效外延。“联盟”让我有了市里有家的感觉，有了“抽时间就想去见见大家”的冲动。我还时不时会想起如笑脸般娇艳无比的紫藤花，高大笔直的银杏树，还有那如彩蝶般随风飞舞的海棠花。

（张东伟　平谷区上宅文化陈列馆馆长）

北京八家名人故居走进乌镇有感

张丽敏

一　大家风范，中国精神

2014 年 5 月 22 日，“大家风范　中国精神——20 世纪文化名人的人格和家风”展览在浙江省桐乡市乌镇西栅茅盾纪念堂开

▲“大家风范　中国精神——20 世纪文化名人的人格和家风”展览在浙江省桐乡市乌镇西栅茅盾纪念堂开幕

幕。展览由北京八家名人故居纪念馆与桐乡市茅盾纪念馆、乌镇旅游股份有限公司承办。

这个以介绍20世纪中国文化名人为主题的图片展，集中展示了对近现代中国文化产生过重要影响、具有代表性意义的八位杰出人物的生平活动和丰功伟业。他们是中华民族文化承前启后的秉烛人，是中华民族永远的骄傲。

这次合作相当成功，展览反响很好。休明（音同）和女友来自重庆，到乌镇旅游是二人计划许久的事情，“误打误撞”碰见展览，算得上是意外收获。或许是受到感染，在参观过程中，他们停驻良久，看得十分专注。离开时，休明表态，下次旅行，要和女朋友专门去北京，参观八位名人的故居。

65岁的绍兴游客章柏洪看过展板后，语重心长地说：“这个展览，能让人捡回遗失的品德。”

因为是纪念馆第一次举办这样高规格的展览，参与任务，最终完成任务，获得好评，而且身兼数职，多角度体验。首先要感谢茅盾故居郭丽娜主任，她非常敬业和负责，充当牵头人，开启这次启发人生的巡展活动。在此我们也衷心感谢北京八家名人故居的大力帮助，他们为本次巡展定制了丰富多彩的展览内容，体现了合作和协同努力的精神，产生一股强大而且持久的力量，做出奉献并发掘名人的家风和人格，他们以正能量的形式表现出来，充分激发团队的智慧，并将这种智慧汇集成一，有力地推动了这次展览的进程。

名人文化的内在魅力和精神气质，是不可多得的社会财富。不仅能在潜移默化中提高市民的文化素质和文明程度，提升地方的品位，而且能营造文化软实力，促进乌镇旅游的发展和地方经济的发展。

本次展览还有一个目的，就是配合党的群众路线教育活动。通过展览，我们将八大文化名人为党、为人民所做的特殊贡献浓缩在一个展览中，使其更加亲近百姓，融入大众，贴近生活。通过交流合作，更好地推动社会主义核心价值观在公民个人层面价值准则的培育和践行。

二　两个故居，同一个名人

乌镇与北京的相遇，象征着茅盾先生的一生。

在桐乡，茅盾先生绝对是一代文豪。或许先生这种傲而不骄、和而不同的气质，令人心生敬意而不乏亲切，《子夜》简直就是一部致敬之作。

乌镇，茅盾的故乡。这既是他的出生地，也是他早年生活的地方。因此，展览中的亮点莫过于茅盾故居与乌镇桐乡市茅盾纪念馆的跨时空相约。北京鲁迅博物馆钱振文主任认为，名人的一生总是分成几个时期，时期可通过空间来划分。好比茅盾，有乌镇时期、上海时期和北京时期，追寻的印记便是其住在当地的房子。

“名人故居（纪念馆）是名人生前居住和生活过的地方，这些地方是历史储藏所，也是名人创建千秋功业的见证者。阐释和解读文化遗产形成过程中所包含的丰富信息，很大程度上可以展现故居主人的人生境界、思想境界和生活情趣。”钱振文主任表示，每一个故居都是一个景点，借由故居的名人效应来弘扬中国价值和中国精神，这是双赢的。

很多人非常愿意回到名人的出生地、生活地去看看当时他们所处的环境、生活的影子及创作的条件。正因如此，浙江省桐乡市茅盾纪念馆、乌镇东栅观前街17号，达到了无以复加无人企及的巅峰状态，每天接待观众7万人次。确实成为乌镇旅游的热点。

故居（纪念馆）不只是景点更能让人拾回遗失的品德。无论是展览吸引人气，还是两个茅盾故居的交集，对游客而言，与其说是一次旅游，倒不如说是一次人品的洗礼。

三　名人效应，爱国情怀

放眼全国，名人场馆日益增多。许多名人场馆的延续性有待观察。这次展览集齐八位20世纪杰出的政治、社会和文化名人，自成体系，推出“大家风范　中国精神——20世纪文化名人的人格和家风”展览，一起传递正能量。

▲ 展览现场

钱振文主任说："此次我们仅是选取八位名人的日常生活内容作为展览主题。"个人的家庭生活更能体现名人的家风和人格，比如，少年立志、诚信待人、敬业乐业、勤俭持家等。至于选择在乌镇办展，主要是因为其他七位名人与茅盾有着千丝万缕的联系，有的是铁杆挚友，有的是追求理想的事业伙伴。他们处在同一个时代，革命是当时的主题。他们用一生在探寻、挽救积贫积弱的中国，他们高举民族复兴大旗，在反帝反封建的道路上，引领无数社会精英前赴后继，破茧前行。

宋庆龄，从小具有良好的家教，留学美国，青年时期追随孙中山，最终献身中国革命；李大钊，生于河北省乐亭县的一个小村庄，面对国势危难，他勤奋求知，决心报国；鲁迅，有两面，私下里他是一个善良、风趣的人，没有任何架子，在文章中，他毫不妥协、锋芒毕露……由生活到个人，由个人到国家，八大名人的人生轨迹异常清晰，他们将爱化为自己的梦想，为国为民呕心沥血，在20世纪中国的伟大变革中，为后人树立了标杆。

对于展览，我们更多的是从品质来考量。就展览品质而言，其内容无疑是最重要的，然后是背后的精神，精神之外，展览是否在形式中体现出其个体特质也很重要。展览要考虑不同水平的观众的需要，还有展览的可持续性。对八馆而言，如何挖掘名人生活的点点滴滴，梳理各种正能量，彰显红色情怀显然很重要。这样的方式，带来一个很大的挑战。办展的时候要尽量保持客观，摒弃主观情绪。

名人故居（纪念馆）一般都安于一方，隔空搬迁显然是不现实的。那么，如何再现八大名人的故居纪念馆的风貌？采用图文并茂的展览方式是最简单、最直接及最直观的。这次展览直接取材于名人的生活，真正触及心灵的原动力则是坚持的力量。把这名人的精神内涵扩展到社会生活，比起镁光灯下的璀璨夺目，显得更加珍贵，也许这种精神内涵发展到今天，很多东西可能有所不同了，但无论怎么变化，核心价值是不变的，这些本质的内涵符合且体现了我们一贯高规格、经久不衰的形象。同时，我们采用巡展的形式，走进学校，与同学们分享心得。

浙江省桐乡市茅盾纪念馆，作为一个充满生命力的“活”的有机体，渴望得到不断的更新改善，成为观众享受终身教育的优秀课堂。流动巡展，一是在一定程度上弥补了我馆的缺陷，扩大了服务的覆盖面；二是成为我馆的助推力量；三是丰富了我馆工作的手段和形式，增强了效果和影响力；四是起到了整合资源、促进可持续发展的作用。今后我馆的工作，一是坚持流动巡展工作的标准和要求；二是坚持流动巡展工作的有效方法；三是坚持流动巡展工作的可持续发展思想。

当今纪念馆各工作环节的使命与内涵、运作的变化和变革，促使我们重新审视传统使命，思考社会功能与责任，以积极主动的姿态和方式来迎接观众，扩大名人效应，更好地弘扬中华民族的爱国情怀。

（张丽敏　浙江省桐乡市茅盾纪念馆）

附录　八家名人故居纪念馆合作活动大事记（2000～2014年）

2000年

4月，宋庆龄故居、北京鲁迅博物馆、郭沫若纪念馆、茅盾故居、老舍故居、徐悲鸿纪念馆、梅兰芳纪念馆，七家名人故居纪念馆有关领导在郭沫若纪念馆召开会议，达成共识，共同联手，以“用什么样的时代精神跨世纪”为宣传背景，整合资源，优势互补，联合向社会推出20世纪文化名人系列文化活动。

5月18～21日，七家名人故居共同参加北京市文物局在劳动人民文化宫举办的主题为“致力于和平与社会和睦”的国际博物馆日宣传活动。在宣传活动期间，七家名人故居纪念馆首次组成一个宣传区域，为公众提供现场咨询服务。

6月1日，北京鲁迅博物馆、郭沫若纪念馆、茅盾故居、老舍纪念馆组织北京方家胡同小学游京城名人故居活动。

10～12月，七家名人故居纪念馆有关领导和社教部门负责人多次商议策划联合举办“世纪名人万里行”系列文化活动事宜。

12月24日，七家名人故居纪念馆有关领导与北京电视台有关栏目负责人在郭沫若纪念馆商议《往事故人情》节目制作构想。

2001 年

2 月 9 日，宋庆龄故居、北京鲁迅博物馆、郭沫若纪念馆、茅盾故居、老舍故居、徐悲鸿纪念馆、梅兰芳纪念馆，七家名人故居纪念馆有关领导在郭沫若纪念馆商议本年度合作工作。

3 月 27 日，七家名人故居纪念馆联合举办“追寻世纪名人”文化活动新闻发布会在郭沫若纪念馆举行。《中国文物报》《中国文化报》《北京日报》《北京晚报》《北京晨报》及中国教育台、北京电视台等十余家新闻单位参加了发布会。

3 月，七家名人故居纪念馆与《中国民航》杂志合作，以“京城何处访名居”为题，分别介绍了宋庆龄故居、北京鲁迅博物馆、郭沫若纪念馆、梅兰芳纪念馆、老舍纪念馆、茅盾故居、徐悲鸿纪念馆。

4 月 1 日，“追寻世纪名人”纪念联票在京发售。

4 月 10 日，由郭沫若纪念馆发起，北京鲁迅博物馆、茅盾故居、老舍纪念馆和北京市教科院基础教育研究中心联合举办“中学语文名家名篇与名人纪念馆座谈会”。会议冲破行业界限，在博物馆社会功能的实效发展与学校课堂的校外拓宽方面进行了新的探索。北京市区及郊区县从事中学语文教学和教研的教师 50 余人与会。会议以鲁迅博物馆的开幕式为起点，对鲁迅、郭沫若、茅盾、老舍 4 位文学名家故居纪念馆进行考察后，在郭沫若纪念馆召开了座谈会。

5 月 18～20 日，7 家名人故居纪念馆共同参加北京市文物局在劳动人民文化宫举行的“5·18 国际博物馆日”纪念活动，并联合进行现场宣传。

11 月 13 日，由北京市教委支持，与北京师范大学第一附属中学合作的“与大师同行”专题语文讲座在郭沫若纪念馆举行。主讲人为连中国，讲座内容分四个部分，即“博学多才的郭沫若”“文学巨匠茅盾”“新文化运动的先驱鲁迅”“塑造市民群像的老舍”。

本年度，郭沫若纪念馆、梅兰芳纪念馆等与《中国之翼》杂志合作，在 2001 第 11 期刊登了《秋访北京郭沫若纪念馆》，2001 年第 12 期刊登了《梨园忆往——记梅派创始人梅兰芳先生》。

2002 年

5 月 17 日，由宋庆龄故居、北京鲁迅博物馆、郭沫若纪念馆、茅盾故居、老舍纪念馆、梅兰芳纪念馆六家名人故居纪念馆联合举办的流动展览“世纪名人万里行”出发仪式在宋庆龄故居举行。国家文物局副局长郑欣淼、中共北京市委宣传部副部长宋贵伦、北京市文物局副局长舒小峰，名人之后周海婴、郭平英、韦韬、舒济、梅葆玖及北京市教委德育处、六家名人故居纪念馆的领导和 200 余名中小学学生参加了巡展出发仪式。出发式由宋庆龄故居管理中心主任何大章主持。

5 月 18 日，共同参加北京市文物局在北京王府井大街举行的“5·18 国际博物馆日”宣传活动和“世纪名人万里行”展览同步进行。“寒石书法工作室”的师生配合展览宣传活动，在现场为观众书写赠送文化名人的名家名言作品。北京市文物局副局长舒小峰、郭沫若纪念馆馆长郭平英陪同国家文物局局长张文彬等参观了“世纪名人万里行”展览，并对名人故居纪念馆的联合宣传活动进行了介绍，张文彬听后称赞名人故居纪念馆的联合宣传形式为博物馆界的“乌兰牧骑”。

5 月，宋庆龄故居、北京鲁迅博物馆、郭沫若纪念馆、茅盾故居、老舍纪念馆、梅兰芳纪念馆六家名人故居纪念馆联合推出“六个一”活动，即一条旅游线路——“名人故居游”；一个流动展览——“世纪名人万里行”；一本普及读物——“宣传文化名人的丛书”；一台特色节目——“名家名篇朗诵会”；一个摄影展——“我眼中的名人故居”；一组名篇讲座——“名家名篇与中学语文教学”。

6~12 月，“世纪名人万里行”展览分别在清华大学、中国政法大学、北就师范大学附属实验中学、西城区图书馆、朝阳档案馆、西城区福绥境社区等进行巡展，并举行文化名人主题系列讲座、赠书和名家名言朗诵会等活动。郭沫若之女、郭沫若纪念馆馆长郭平英，老舍之女、老舍纪念馆馆长舒济、中国社会科学院历史所研究员谢保诚等参与了讲座和观众互动活动。

8 月，宋庆龄故居、北京鲁迅博物馆、郭沫若纪念馆、茅盾故居、老舍纪念馆、梅兰芳纪念馆与华天饮食集团合作，在北京西城区有“中华老字号”之称的鸿宾楼、砂锅居、峨嵋酒家举办文化名人展，在展示文化名人生平业绩的同时，也展现了文化名人与这些老字号的不解之缘。

12 月 26 日，宋庆龄故居、北京鲁迅博物馆、郭沫若纪念馆、茅盾故居、老舍纪念馆、梅兰芳纪念馆六家名人故居纪念馆，在中直绿化基地会议中心召开工作会议，探讨深度合作问题。会议由鲁迅博物馆书记张全国主持，郭沫若纪念馆馆长郭平英、梅兰芳纪念馆馆长刘占文分别总结了年度工作，北京市文物局副局长舒小峰等出席了会议。

12 月 29 日，宋庆龄故居、北京鲁迅博物馆、郭沫若纪念馆、茅盾故居、老舍纪念馆、梅兰芳纪念馆六家名人故居纪念馆，在北京师范大学共同举办“世纪名人走进北师大”暨师大青年诗歌节颁奖晚会，学生们朗诵了文化名人的经典作品。

本年度，北京鲁迅博物馆、茅盾故居、老舍纪念馆、徐悲鸿纪念馆继续与《中国之翼》杂志合作，于 2002 第 1 期刊登了《访鲁迅博物馆》，2002 年第 2 期刊登了《访老舍纪念馆》，2002 年第 3 期刊登了《绘画大师徐悲鸿小传》，2002 年第 6 期刊登了《记中国文坛巨匠茅盾先生》。

2003 年

3 月，宋庆龄故居、北京鲁迅博物馆、郭沫若纪念馆、茅盾故居、老舍纪念馆、梅兰芳纪念馆六家名人故居纪念馆第二套联票开始发售。

4 月 12 日，宋庆龄故居、郭沫若纪念馆、梅兰芳纪念馆与北京交通运输职业学院 2000 级学生党支部共同组织“寻访名人足迹——北京名人故居行”骑车活动。

5 月 18 日，宋庆龄故居、北京鲁迅博物馆、郭沫若纪念馆、茅盾故居、老舍纪念馆、梅兰芳纪念馆六家名人故居纪念馆，共同参加北京市文物局在军事博物馆前广场举办的“5·18 国际博物馆日”宣传活动。“漫步名人故居”展览同时展出。

5 月，“世纪名人万里行”展览在国家图书馆分馆进行巡展。

10 月，北京鲁迅博物馆、郭沫若纪念馆、茅盾故居、老舍纪念馆和梅兰芳纪念馆五家名人故居纪念馆与《北京晚报》合作，以“故居回忆”和“走进四合院，品味老北京”为专栏，连续刊登了5家名人故居纪念馆专访和文化活动介绍。

2004 年

5 月 15 日，宋庆龄故居、北京鲁迅博物馆、郭沫若纪念馆、茅盾故居、老舍纪念馆、梅兰芳纪念馆六家名人故居纪念馆，共同参加北京市文物局在北京劳动人民文化宫举办的“5·18 国际博物馆日”宣传活动，“漫步名人故居”展览在太庙举行。

5 月 17 ~ 21 日，宋庆龄故居、北京鲁迅博物馆、郭沫若纪念馆、茅盾故居、老舍纪念馆、梅兰芳纪念馆六家名人故居纪念馆，共同参加在中国农业博物馆举办的“2004 博物馆及相关产品与技术博览会”，“漫步名人故居”展览在此进行第二站巡展。

5 月 23 日，与国家图书馆分馆“文津讲坛”合作举办文化名人专题讲座，主讲人为中国社会科学院历史所研究员、博士生导师、中国郭沫若研究会副会长谢保诚，主讲题目是“甲申年说《甲申三百年祭》”。

6 月 10 ~ 22 日，应马来西亚马中商城、新加坡中国文化艺术表演促进局邀请，由宋庆龄基金会与宋庆龄故居、北京鲁迅博物馆、郭沫若纪念馆、老舍纪念馆、茅盾故居、梅兰芳纪念馆六家名人故居纪念馆共同主办的“中国世纪名人展”及座谈会在马来西亚、新加坡举办。郭沫若之女郭庶英、老舍之女舒济及六家名人故居纪念馆有关领导一同参加了开幕式和讲座等活动。

8～12 月，宋庆龄故居、北京鲁迅博物馆、郭沫若纪念馆、茅盾故居、老舍纪念馆、梅兰芳纪念馆六家名人故居纪念馆与大学生杂志社共同举办“传承文明　走近名人——博物馆进学校、进社区”巡展活动。

9 月 11 日，宋庆龄故居、北京鲁迅博物馆、郭沫若纪念馆、茅盾故居、老舍纪念馆、梅兰芳纪念馆六家名人故居纪念馆，参加什刹海文化节活动，活动期间“世纪名人万里行”展览再度进行。

9～10 月，宋庆龄故居、北京鲁迅博物馆、郭沫若纪念馆、老舍纪念馆、梅兰芳纪念馆五家名人故居纪念馆与《北京晚报》共同举办“金秋走近文化名人”系列文化活动，活动包括名家讲座，名人后代签名售书、藏书票大展等。

2005 年

4 月 12 日，宋庆龄故居、北京鲁迅博物馆、郭沫若纪念馆、茅盾故居、老舍纪念馆、梅兰芳纪念馆六家名人故居纪念馆，共同在河北省定州市廉台小学开展文化扶贫活动及“世纪名人万里行”展览捐赠仪式，同时捐赠了一批书籍、办公和教学用品。

5 月 5～6 日，宋庆龄故居、北京鲁迅博物馆、郭沫若纪念馆、茅盾故居、老舍纪念馆、梅兰芳纪念馆六家名人故居纪念馆，共同参加北京市文物局在北京古代建筑博物馆举办的“5·

18 国际博物馆日”宣传活动，及博物馆门票、纪念品展览和现场宣传咨询活动。

5 月 16 日，宋庆龄故居、北京鲁迅博物馆、郭沫若纪念馆、茅盾故居、老舍纪念馆、梅兰芳纪念馆六家名人故居纪念馆共同参加在军事博物馆举行的北京红色旅游启动仪式暨四省市“走向胜利的征程”主题旅游宣传咨询活动。

5 月 17 日，北京鲁迅博物馆、郭沫若纪念馆、茅盾故居、老舍纪念馆 4 家名人故居纪念馆在郭沫若纪念馆举办向中小学学生赠送《名家名言录》仪式暨“我爱和平”——中小学学生书写郭沫若抗战名言硬笔书法比赛颁奖仪式。中国社会科学院院党组成员、中央驻中国社会科学院纪检组组长李秋芳参加活动并讲话。

5 月 18 日，为纪念“5 · 18 国际博物馆日”，宋庆龄故居、北京鲁迅博物馆、郭沫若纪念馆、茅盾故居、老舍纪念馆、梅兰芳纪念馆六家名人故居纪念馆，“漫步名人故居”展览在西单文化广场进行。

5 月 24 ~ 27 日，宋庆龄故居、北京鲁迅博物馆、郭沫若纪念馆、茅盾故居、老舍纪念馆、梅兰芳纪念馆六家名人故居纪念馆，以及北京新文化运动纪念馆与韩国釜山大学人文研究所、中文系在韩国釜山大学举办“中华名人展”展览及学术讲座等系列文化活动。郭沫若纪念馆副馆长蔡震、研究员李晓虹及北京新文化运动纪念馆馆长郭俊英分别做了关于《鲁迅、郭沫若、茅盾在中国文化史上的意义》《老舍、梅兰芳在文艺民族化方面的成就》《宋庆龄、蔡元培在中国新文化发展中的贡献》等学术讲座。

6 月 18 日，宋庆龄故居、郭沫若纪念馆、梅兰芳纪念馆等参加第四届什刹海旅游文化节，宋庆龄故居、郭沫若纪念馆、梅兰芳纪念馆共同发行为期一个月的旅游文化节联票。

6月24日，为纪念世界人民反法西斯战争和中国人民抗日战争胜利60周年，宋庆龄故居、北京鲁迅博物馆、郭沫若纪念馆、茅盾故居、老舍纪念馆、梅兰芳纪念馆六家名人故居纪念馆，以及北京新文化运动纪念馆共同在金帆音乐厅联合主办音乐朗诵会《中华魂》。由石叔诚、韩童生等艺术家将宋庆龄、郭沫若，以及蔡元培、鲁迅、茅盾、老舍、梅兰芳七位历史文化名人抗战期间及抗战前后的作品搬上舞台，再现了全民动员、全民抗战的英雄历史画面。

8月25日，召开名人故居纪念馆联席会，筹备“传承先进文化、追寻世纪名人”纪念抗日战争胜利60周年暨“文化名人进校园”系列活动。

9月23~25日，宋庆龄故居、北京鲁迅博物馆、郭沫若纪念馆、茅盾故居、老舍纪念馆、梅兰芳纪念馆六家名人故居纪念馆，参加在北京新东安市场举办的“第八届中国——北京国际旅游文化节旅游咨询展暨世界旅游图片展”活动，“漫步名人故居”展览也同时进行。

9月27日，宋庆龄故居、北京鲁迅博物馆、郭沫若纪念馆、茅盾故居、老舍纪念馆、梅兰芳纪念馆六家名人故居纪念馆，与北京市社会科学界联合会共同举办“2005北京社会科学普及周”文化讲座，邀请中国社会科学院研究员王戎笙在国家图书馆分馆主讲《郭沫若书法真伪辨》。

9月28日，郭沫若纪念馆馆长郭平英在国家图书馆分馆主讲

《北京的名人故居》。

9月29日，宋庆龄故居、北京鲁迅博物馆、郭沫若纪念馆、茅盾故居、老舍纪念馆、梅兰芳纪念馆六家名人故居纪念馆，与北京市社会科学界联合会共同在地坛秋季书市设立主题展区，举办“追寻中华名人，传承先进文化——漫步名人故居”展览。展览为期10天，现场宣传咨询两天。

12月3日，“漫步名人故居”展览在清华大学举办的“首届博物馆日”宣传活动中进行。

12月9日，宋庆龄故居、北京鲁迅博物馆、郭沫若纪念馆、茅盾故居、老舍纪念馆、梅兰芳纪念馆六家名人故居纪念馆的“传承先进文化、追寻中华名人”展览在北京工人体育场“北京冬季书市暨北京第二届青年读书节”活动中展出。

2006年

1月27日，宋庆龄故居、北京鲁迅博物馆、郭沫若纪念馆、茅盾故居、老舍纪念馆、梅兰芳纪念馆六家名人故居纪念馆，以及北京新文化运动纪念馆在梅兰芳纪念馆共同召开联席会，总结“中华名人进校园”系列文化活动。

2月17日，宋庆龄故居、北京鲁迅博物馆、郭沫若纪念馆、茅盾故居、老舍纪念馆、梅兰芳纪念馆六家名人故居纪念馆在郭沫若纪念馆召开联席会，围绕2006年博物馆日的主题“博物馆与青少年”及《国务院关于加强文化遗产保护的通知》的精神，商讨“5·18国际博物馆日”联合举办的宣传活动计划。

5月17～23日，宋庆龄故居、北京鲁迅博物馆、郭沫若纪念馆、茅盾故居、老舍纪念馆、梅兰芳纪念馆六家名人故居纪念馆，与文化部艺术司、中共北京市委宣传部、北京市文物局、中国博物馆学会、北京博物馆学会及新文化运动纪念馆等单位和清华大学团委共同携手，在清华大学组织“文化名人进校园”系列文化活动。活动以“博物馆与青少年”以及“共有的文明”为主线，分为展览、文艺晚会和论坛三个部分。其中，“共有的文明——名人与文化遗产”展览在清华园的小树林展出，为期一周。其间，“文化名人进校园”文艺晚会在清华大礼堂举行，著名演员朱琳、刘铁钢、宗平等与清华大学学生共同表演了“青春寄语”等节目。系列活动还包括举行题为“纪念5·18国际博物馆日清华大学高校青年论坛”，北京市文物局局长孔繁峙做了主旨发言，郭沫若纪念馆馆长郭平英、老舍纪念馆馆长舒济、宋庆龄故居管理中心主任何大章代表名人纪念馆做了主题为“名人与文化遗产”的演讲。6家名人故居纪念馆还向清华大学及部分中小学赠送了图书。

6月15～22日，“中华名人展”代表团一行在日本东京等地进行了文化交流活动，访问了日中友好协会、市川市郭沫若纪念馆、芦屋市谷崎润一郎纪念馆等相关博物馆，在日本国士馆大学举办了“中华名人展”，并在国士馆大学其他校区进行了巡展。此次活动由日中友好会馆邀请，郭沫若纪念馆牵头，与宋庆龄故居、北京鲁迅博物馆、茅盾故居、老舍纪念馆、梅兰芳纪念馆以及北京新文化运动纪念馆、北京人艺戏剧博物馆等单位联合举办，中国日本友好协会为展览的中方后援单位。

6月27日，宋庆龄故居、北京鲁迅博物馆、郭沫若纪念馆、茅盾故居、老舍纪念馆、梅兰芳纪念馆六家名人故居纪念馆“共有的文明——名人与文化遗产”展览在郭沫若纪念馆展出，为期两个月。

8月7日，宋庆龄故居、北京鲁迅博物馆、郭沫若纪念馆、茅盾故居、老舍纪念馆、梅兰芳纪念馆六家名人故居纪念馆，及北京新文化运动纪念馆在郭沫若纪念馆召开联席会议，商谈下半年合作项目。

10月9日，宋庆龄故居、北京鲁迅博物馆、郭沫若纪念馆、茅盾故居、老舍纪念馆、梅兰芳纪念馆六家名人故居纪念馆及北京新文化运动纪念馆与西城区宣传部等单位合作，在北京市第13中学共同举办“追寻名人光辉足迹，弘扬爱国主义精神——西城区爱国主义进校园、进社区、进机关系列展览”主题活动。中共北京市委宣传部副部长宋贵伦、北京市文物局副局长舒小峰以及西城区有关领导参加了展览开幕仪式。

12月6日，宋庆龄故居、北京鲁迅博物馆、郭沫若纪念馆、茅盾故居、老舍纪念馆、梅兰芳纪念馆六家名人故居纪念馆，以及北京新文化运动纪念馆在郭沫若纪念馆召开联席会议，商谈名人故居纪念馆2007年度合作项目。

12月29日，宋庆龄故居、北京鲁迅博物馆、郭沫若纪念馆、茅盾故居、老舍纪念馆、梅兰芳纪念馆六家名人故居纪念馆，及北京新文化运动纪念馆在郭沫若纪念馆召开联席会议，总结名人故居纪念馆2006年度合作项目。

2007年

1月26日，宋庆龄故居、北京鲁迅博物馆、郭沫若纪念馆、茅盾故居、老舍纪念馆、梅兰芳纪念馆六家名人故居纪念馆，应北京市未成年人管教所的邀请，在该所举办“传承先进文化，追寻中华名人”的展览，同时还共同举办了以“传承民族文化，感悟时代责任”为主题的宣传教育活动。

4月25日，宋庆龄故居、北京鲁迅博物馆、郭沫若纪念馆、茅盾故居、老舍纪念馆、梅兰芳纪念馆六家名人故居纪念馆，应邀参加北京新文化运动纪念馆举行的“李大钊——无畏的播火者，勇敢的探索者——李大钊英勇就义80周年展览”开幕式。

5月18日，“历史的记忆——文化名人与和谐文化”的展览先后在北京古代建筑博物馆和山西平遥文庙、太谷无边寺、榆次老城以及北京白云路小学、西城区实验小学、北京军区空军司令部直属机关、国防大学、解放军总医院、军事医学科学院、三〇二医院、总后某部队、北京军区某部队等单位巡展。

5月，北京李大钊故居正式对外开放，并与宋庆龄故居、北京鲁迅博物馆、郭沫若纪念馆、茅盾故居、老舍纪念馆、梅兰芳纪念馆六家名人故居纪念馆商议合作开展宣传活动。

11月23日~12月4日，应澳大利亚澳中国际交流促进会的邀请，由郭沫若纪念馆牵头，宋庆龄故居、北京鲁迅博物馆、茅盾故居、老舍纪念馆、梅兰芳纪念馆及北京新文化运动纪念馆共同参加在悉尼大学举办的“中华名人展”开幕式。受新西兰中国国际商会的邀请，进行了文化交流和对相关博物馆的考察。

2008 年

1 月 16 日， 宋庆龄故居、李大钊故居、北京鲁迅博物馆、郭沫若纪念馆、茅盾故居、老舍纪念馆、徐悲鸿纪念馆、梅兰芳纪念馆在李大钊故居召开 2008 年度合作宣传工作会议，总结 2007 年合作工作并商议 2008 年合作工作。会议确定自 2008 年开始，八家名人故居纪念馆轮流主持年度工作，并推举梅兰芳纪念馆主持 2008 年度八家名人故居纪念馆联合宣传工作。

3 月 21 日， 郭沫若纪念馆、梅兰芳纪念馆有关馆领导代表八家名人故居纪念馆参加中共北京市委宣传部组织的协调会议，提交了“清明时节缅怀名人走进故居”系列文化活动方案。

4 月 2 日， 八家名人故居纪念馆与中共北京市委宣传部、北京市文物局、中共北京市西城区委宣传部共同举办的第一届“清明时节缅怀名人走进故居”系列文化活动启动仪式在宋庆龄故居举办。各馆同时推出以鲜花代门票、清明诗会等系列文化活动。

5 月 17 日， 为北京举办奥运会营造文化氛围，八家名人故居纪念馆的“文化名人与世界文化”展览在王府井地铁科普文化长廊展出，为期 1 个月。

5 月 18 日， 八家名人故居纪念馆参加北京市文物局在首都博物馆举办的“5·18 国际博物馆日”宣传活动启动仪式。

5 月 22 日，为纪念毛泽东在延安文艺座谈会上的讲话发表 66 周年，八家名人故居纪念馆与中国话剧院、中国儿童艺术剧院、北京舞蹈学院附中在北京舞蹈学院联合举办“文化艺术大课堂”活动启动暨签约仪式。

5 月 23 日，为纪念“5·18 国际博物馆日”和“文化遗产日”，八家名人故居纪念馆“中华名人展”开始在北京安贞里学区十余所小学巡展。

7 月 10～15 日，八家名人故居纪念馆“文化名人与世界文化展览”在内蒙古自治区赤峰学院巡展。

8 月 20 日，为迎接奥运会和残奥会，丰富人文奥运内涵，八家名人故居纪念馆与中共北京市西城区委宣传部联合举办的“名人与北京历史文化展”在月坛公园具服殿展出，展期 1 个月。其后，该展继续在西城区社区中巡展。

10 月 15 日，八家名人故居纪念馆在北京禁毒教育基地召开“2008 年名人故居纪念馆宣传工作研讨会”。

10 月 24 日，八家名人故居纪念馆在郭沫若纪念馆召开 2009 年年度工作协调会。

2009 年

2 月 4 日，八家名人故居纪念馆参加西城区旅游局在梅兰芳纪念馆召开的会议，商谈 2009 年旅游宣传工作。同时，八家名人故居纪念馆联盟确定由茅盾故居主持 2009 年度八家名人故居纪念馆合作工作。

2月27日，北京鲁迅博物馆、郭沫若纪念馆、梅兰芳纪念馆代表八家名人故居纪念馆参加了中共北京市委宣传部召开的清明节系列宣传活动工作协调会，并在会上讨论了第二届“清明时节缅怀名人走进故居”系列文化活动方案。

3月17日，八家名人故居纪念馆参加西城区教委在梅兰芳大剧院召开的“西城区中小学生社会大课堂网站开通仪式暨京剧进课堂实践展示活动”。

4月2~7日，八家名人故居纪念馆在全市开展第二届“清明时节缅怀名人走进故居”系列文化活动。活动包括“我眼中的文化名人——从一个中学生视角看文化名人系列活动测试”、“以鲜花代门票”、共建基地学生献花、观众问卷调查、小型展览等活动。

5月4日，八家名人故居纪念馆与北京市委社会工作委员会和首都精神文明建设委员会办公室在西城区金融街社区联合举办“穿越时空——‘五四’文化名人事迹展”进社区活动启动仪式，八家馆向北京18个区县赠送展览各一套。

5月18日，八家名人故居纪念馆的“文化名人与新中国”展览在北京“5·18国际博物馆日”主会场北京古代建筑博物馆首展。次日到鲁迅中学进行为期20天的巡展。

6月，宋庆龄故居、李大钊故居、北京鲁迅博物馆、郭沫若纪念馆、徐悲鸿纪念馆、梅兰芳纪念馆与西城区旅游局联合郭守敬纪念馆等单位共同举办“在这里与名人对话——走进西城名人故居（纪念馆）”文化活动，并推出北京邮政旅游优惠券。该项活动持续到2009年底。

8 月 19 日，郭沫若纪念馆副馆长赵笑洁，茅盾故居主任郭丽娜代表八家名人故居纪念馆与宁波天一阁博物馆签订“文化名人与新中国”展览巡展协议。

9 月 10 日，庆祝新中国成立 60 周年“文化名人与新中国展览”在郭沫若纪念馆西展厅和宁波市天一阁博物馆同步展出，并在宁波举办“文化名人与新中国”讲座，以及两地 16 家博物馆馆际交流会等系列文化活动。中国社会科学院历史研究所党委书记刘荣军和宁波市副市长成岳冲、宁波市政协副主席陈大申等在天一阁博物馆举行的开幕仪式上为展览剪彩。茅盾故居主任郭丽娜代表八家名人故居纪念馆致辞，郭沫若纪念馆副馆长赵笑洁代表北京八家名人故居纪念馆在馆际交流会上做题为“名人故居、纪念馆宣传教育创新问题”的主题发言。宁波的八家博物馆是天一阁博物馆、镇海口海防历史纪念馆、北仑博物馆、余姚博物馆、慈溪博物馆、宁海潘天寿书画馆、溪口博物馆、宁波博物馆。两地巡展活动持续到年底。

11 月 11 日，八家名人故居纪念馆在郭沫若纪念馆召开会议，商议共同参加“第四届中国北京国际文化创意产业博览会”事宜。

11 月 16 日，八家名人故居纪念馆代表参加了北京市政府召开的北京市第七次文物工作会议，八家名人故居纪念馆联盟向大会提交了“2003 年～2009 年郭沫若纪念馆等八家名人故居纪念馆利用文物资源开展宣传创新活动情况”的报告，作为会议交流材料。

11 月 26 日，郭沫若纪念馆副馆长赵笑洁代表八家名人故居纪念馆，参加中共北京市委宣传部召开的北京市爱国主义教育基地工作会议，并作题为“挖掘内涵、整合资源、加强合作，充分发挥名人故居类教育基地的爱国主义教育作用”的发言。会上，“共有的文明——名人与文化遗产系列文化活动”被评为爱国主义教育基地优秀活动一等奖。

11 月 26～29 日，八家名人故居纪念馆参加了在中国国际展览中心举办的“第四届中国北京国际文化创意产业博览会”，集中展示多年开发的文化创意产品。

2010 年

1 月 7 日，西城区副区长杨培丽到郭沫若纪念馆与八家名人故居纪念馆座谈宣传工作。同时，八家名人故居纪念馆确定由李大钊故居主持 2010 年度八家名人故居纪念馆的合作工作。

1 月 29 日，八家名人故居纪念馆参加西城区委宣传部在西西友谊酒店召开 2010 年爱国主义教育基地工作研讨会。

4 月 2～7 日，八家名人故居纪念馆共同在全市开展第三届“清明时节缅怀名人走进故居”系列文化活动。

4 月 29 日，由李大钊故居牵头参加西城区社科联在鲁迅博物馆举办的“名人故居、纪念馆在人文北京建设中发挥的作用”活动。

5 月 7 日，八家名人故居纪念馆为迎接“5·18 国际博物馆日”，在门头沟区博物馆举办“人文精神与文化名人”展览巡展活动启动仪式。展览在门头沟区博物馆展出一周后到该区大峪中学初中部、高中部、新桥路中学、育园中学、育新中学等学校巡展。

5月16日，为纪念“5·18国际博物馆日”，八家名人故居纪念馆的“文化名人与新中国”展览在延庆博物馆举办巡展开幕式。之后，在延庆博物馆召开的北京地区区县博物馆促进社会和工作座谈会上，郭沫若纪念馆副馆长赵笑洁代表八家名人故居纪念馆做题为“发挥优势，整合资源，加强合作——名人故居、纪念馆在人文北京建设中的作用”的发言。

5月，八家名人故居纪念馆与西城区旅游局、西城区人口和计划生育委员会联合推出“走进名人故居”人口计生文化联票。

7月28日，八家名人故居纪念馆召开“国际博物馆日宣传工作总结会”，并商议下半年系列活动的有关事宜。

9月，八家名人故居纪念馆与首都图书馆联合主办“寻找北京文明的足迹”主题活动，活动为期一个月。主要内容包括关于八位文化名人的文化讲座、“人文精神与文化名人”展览的巡展和读者参观纪念馆活动等。讲座分别为中国李大钊研究会理事、北京大学哲学与社会科学系教授马模贞的《李大钊同志的高尚品质》，宋庆龄故居管理中心顾问何大章的《宋庆龄的人生抉择》，老舍长女舒济的《爱国的老舍——抗日战争中的老舍》，中国社会科学院郭沫若纪念馆研究员、中国郭沫若研究会会长蔡震的《负笈东瀛——郭沫若的留学之路》，鲁迅博物馆副馆长黄乔生的《战士品格、文人情怀——鲁迅精神的两个侧面》，清华大学人文学院教授王中忱的《丰盈的人生与多彩的文学世界》、中国艺术研究院戏曲研究所副研究员、京剧研究中心谢雍君副主任的《第三只眼看梅兰芳京剧艺术》。

11 月 18 ~ 21 日，八家名人故居纪念馆参加在中国国际展览中心举办的第五届中国北京国际文化创意产业博览会。19 日，在主会场进行八家名人故居纪念馆观众互动有奖知识问答活动。八家名人故居纪念馆在该届博览会获“最佳展示奖”。

11 月 30 日，李大钊故居在金台饭店主持召开八家名人故居纪念馆联盟 2010 年度合作工作总结会。

2011 年

1 月，八家名人故居纪念馆联盟确定由老舍纪念馆主持 2011 年度八家名人故居纪念馆合作工作。

4 月 2 日，八家名人故居纪念馆联盟在老舍纪念馆举行第四届“清明时节缅怀名人走进故居”系列文化活动启动式。之后，各馆同步开展为期一周的系列宣传活动。

4 月 28 日，八家名人故居纪念馆、北京市志愿者联合会在北京打工子弟学校——星河双语学校商议“5·18 国际博物馆日”活动。

5 月 16 日，为纪念中国共产党建党九十周年和“5·18 国际博物馆日”，由中共北京市委宣传部、北京市文物局、共青团北京市委员会、北京志愿者联合会、北京博物馆学会主办，八家名人故居纪念馆及北京市文博交流馆联合承办，在北京市朝阳区星河双语学校举行“志愿北京之博物馆行动”启动仪式。启动项目包括“红色记忆——文化名人与中国共产党”展览进校园和“关爱农民工子女”等志愿服务活动。同时，八馆接受了共青团北京市委员会、北京市志愿者联合会颁发的北京共青团“关爱农民工子女”志愿服务示范基地标牌。中共北京市委宣传部副部长傅华、郭沫若纪念馆馆长郭平英为展览揭幕，老舍纪念馆馆长张文生代表八家名人故居纪念馆讲话。之后，展览继续在朝阳区的打工子弟学校中巡展。

6月，“红色记忆——文化名人与中国共产党”展览继续在工商银行朝阳支行、通信兵某部队、首都机场等单位进行巡展。

6月，八家名人故居纪念馆联合在郭沫若纪念馆举办摄影知识系列培训。

9月5日，八家名人故居纪念馆在平谷上宅博物馆召开会议，商谈巡展与合作事宜。

9月9日，八家名人故居纪念馆在北京女子劳动教养所举办的“红色记忆——文化名人与中国共产党”巡展暨女子劳教所“文化建设推动月”活动。老舍纪念馆副馆长王红英代表八家名人故居纪念馆发言。

9月19~24日，八家名人故居纪念馆代表团应加拿大加中文化发展协会邀请，以“和平、友谊、文化、发展”为主题，赴加拿大进行博物馆业务交流、商谈合作事宜。

12月19日，八家名人故居纪念馆在郭沫若纪念馆召开2011年度合作工作总结会。

2012年

2月10日，召开八家名人故居纪念馆会议，商议2012年工作计划并确定由梅兰芳纪念馆主持2012年度八家名人故居纪念馆合作工作。

4 月 2 ~ 7 日，八家名人故居纪念馆举行第五届“清明时节缅怀名人走进故居”系列文化活动启动式。之后，各馆同步开展为期一周的系列宣传活动。

5 月 9 ~ 11 日，由梅兰芳纪念馆牵头，八家名人故居纪念馆在山东曲阜孔子美术馆举办“为了中国的崛起——文化名人的爱国情怀”展览（山东曲阜巡展）开幕式。梅兰芳纪念馆馆长秦华生、郭沫若纪念馆副馆长李晓虹、徐悲鸿纪念馆工作人员佟刚分别在济宁学院为学生作了专题讲座。

5 月 18 日，在国家博物馆举办的北京地区“5 · 18 国际博物馆日”主会场宣传活动上，梅兰芳纪念馆馆长秦华生代表八家名人故居纪念馆发言，并向北京博物馆界发出了“北京百家博物馆进社区”活动的倡议。同时，八家名人故居的展览“文化名人与北京精神”展览由北京市文物局局长孔繁峙宣布开幕。

5 月 19 日，八家名人故居纪念馆参加在航空博物馆举办的北京地区“5 · 18 国际博物馆日”分会场“2012 北京收藏交流大会”宣传活动。

5 月 22 ~ 24 日，与江苏泰州梅兰芳纪念馆合作，在泰州望海楼举办“为了中华的崛起——文化名人的爱国情怀”展览（江苏泰州巡展）开幕式。《泰州日报》《泰州晚报》及泰州电视台对活动进行了报道。

6 月 1 日，由老舍纪念馆牵头，八家名人故居纪念馆在北京东城区方家胡同小学举办的“欢乐与回忆——六一表彰会”“文化名人与北京精神”北京地区巡展启动式、“从民俗游戏中感受中国传统文化”系列文化活动。北京市文物局副局长刘超英、老舍之女舒济参加活动并讲话。

6～7月，八家名人故居纪念馆的“文化名人与北京精神——文化名人的爱国情怀”展览在北京启喑实验学校、西城区柳荫街小学、北京京仪集团有限责任公司、东城区交道口街道菊儿社区、公安部武警警卫八局等单位进行巡展。

9月18～23日，应法国巴黎中国文化中心邀请，由梅兰芳纪念馆牵头，八家名人故居纪念馆代表团赴法国参加“中华名人展”开幕式及文化交流活动。

9月，《风范》杂志以“名人故居与文化传承”为主题，刊登了对北京市文物局博物馆处处长哈骏、宋庆龄故居管理中心主任艾玲、梅兰芳纪念馆馆长秦华生、老舍纪念馆馆长王志平、郭沫若纪念馆副馆长赵笑洁、茅盾故居主任郭丽娜的系列专访。

2013年

1月，确定由北京鲁迅博物馆主持2013年度八家名人故居纪念馆合作工作。

3月6日，八家名人故居纪念馆召开2012年度联合宣传工作总结会。

3月14日，八家名人故居纪念馆在北京鲁迅博物馆召开会议，商议本年度联合举办活动事宜。

3月，《社交·商圈》杂志以“物质的史书”为题刊登了对宋庆龄故居管理中心主任艾玲、老舍纪念馆馆长王志平、郭沫若纪念馆副馆长赵笑洁的系列专访。

4月2~7日，八家名人故居纪念馆举办的第六届“清明时节缅怀名人走进故居”系列文化活动拉开序幕。各馆同步开展为期一周的系列宣传活动。

5月3~4日，八家名人故居纪念馆在平谷上宅博物馆召开“20世纪文化名人的中国梦”研讨会。

5月9~12日，由梅兰芳纪念馆牵头，八家名人故居纪念馆在南京艺术学院举办“20世纪文化名人的中国梦”巡展活动，梅兰芳纪念馆馆长秦华生代表八家名人故居纪念馆在展览开幕式上致辞。

5月17日，八家名人故居纪念馆参加在中国科技馆举办的北京纪念“5·18国际博物馆”主会场活动。北京市文物局局长舒小峰宣布八家名人故居纪念馆的“20世纪文化名人的中国梦”大型系列文化活动之一“创造辉煌——文化名人与文化创新”主题展览开幕，北京鲁迅博物馆馆长杨阳代表八家名人故居纪念馆发言，中国人民解放军总参谋部管理保障部北极寺老干部服务管理局接过了第一站巡展旗帜，展览一周后，继续在东城区古城职业学校等巡展。此次活动，北京电视台、《北京青年报》、《北京晚报》等新闻媒体相继进行了报道。

6月1~2日，八家名人故居纪念馆在劳动人民文化宫参加首都庆“六一”国际儿童节系列活动之“欢乐总动员”六一嘉年华现场宣传活动。“文化名人与文化创新展览”同时展出，并围绕展览内容进行现场知识问答。

9月16～18日， 八家名人故居纪念馆的“20世纪文化名人的中国梦：创造辉煌——文化名人与文化创新”展览活动在什刹海小学举办，300名学生、老师以及家长分批参观了展览，并围绕展览主题进行了征文活动。

9月23～27日， 八家名人故居纪念馆的“20世纪文化名人的中国梦：创造辉煌——文化名人与文化创新”展览活动在北京十三中分校（含北京教育学院附属中学）进行巡展和征文活动，两所中学的900名学生参加了活动。

9月， 八家名人故居纪念馆配合西城区爱国主义宣传月推出的“访文化名人、看传统老宅、赏古树名木”展览在八馆进行巡展，并配合北京电视台“这里是北京”栏目制作了“‘树’说故居”节目。

11月11～18日， 应中国驻巴基斯坦大使馆、巴基斯坦驻中国大使馆以及巴基斯坦华人华商协会及巴基斯坦自然历史博物馆的邀请，八家名人故居纪念馆代表团赴巴基斯坦举办“中华名人展”展览和进行博物馆交流、座谈活动。中国驻巴基斯坦大使孙卫东、巴基斯坦科学技术部部长扎哈德·哈马德、八家名人故居纪念馆代表团团长北京鲁迅博物馆党委书记、副馆长赵国顺分别在开幕式上致辞，巴基斯坦信息广播及自然遗产部常务秘书拉兹尔·萨义德、巴基斯坦信息广播及自然遗产部联秘马苏德·艾罕默德、巴基斯坦信息广播及自然遗产部联秘穆罕默德·比拉尔、巴基斯坦科技部科技基金会主席哈立德·艾哈默德·艾部普图、巴基斯坦自然历史博物馆馆长穆哈默德·阿塔、中国驻巴基斯坦大使馆文化处参赞张英宝及在巴基斯坦的华人华商、留学生以及巴基斯坦各界人士约200人出席了当天的开幕式。巴基斯坦国家新闻电视台、科技电视台、论坛快报社等新闻媒体重点报道了此次活动。

2014年

2月21日，八家名人故居纪念馆在北京鲁迅博物馆召开会议，商谈2014年度合作宣传活动事宜。会议确定继续由北京鲁迅博物馆主持2014年度八家名人故居纪念馆合作工作。

3月19日，梅兰芳纪念馆馆长秦华生牵头召开八家名人故居纪念馆馆长会议，商讨与新西兰路易艾黎学院商议合作办展事宜。

4月2日，八家名人故居纪念馆在郭沫若纪念馆参加“纪念《甲申三百年祭》发表70周年——反腐倡廉话甲申”展览开幕式。

4月2~7日，八家名人故居纪念馆举办的第七届“清明时节缅怀名人走进故居”系列文化活动拉开序幕。各馆同步开展为期一周的系列宣传活动。

4月25日，八家名人故居纪念馆与社科文献出版社有关领导在北京鲁迅博物馆商议联合出书事宜。

5月13日，八家名人故居纪念馆的有关人员在北京鲁迅博物馆召开八家名人故居纪念馆《名人书房》一书的研讨会。

5月18日，在北京猿人遗址博物馆参加北京市“5·18国际博物馆日”主会场活动。同时，八家名人故居纪念馆推出的“大家风范　中国精神——20世纪文化名人的人格和家风”展览在此首展。

5月22日，由桐乡市茅盾纪念馆牵头，北京市文物局、桐乡市文化广播电视新闻出版局等单位主办，八家名人故居纪念馆等承办的“大家风范　中国精神——20世纪文化名人的人格和家风”展览在浙江桐乡乌镇西栅举办巡展开幕式，在浙江的巡展活动持续到2014年底。

6月30日，“北京市西城区社区首届东方杯书画大赛作品展”及八家名人故居纪念馆“大家风范　中国精神——20世纪文化名人的人格和家风”展览在北京市青年宫进行巡展。

7月10～18日，应土耳其DOGUS大学邀请，“中华名人展”代表团在土耳其参加开幕式和进行文化交流活动。郭沫若纪念馆馆长崔民选、梅兰芳纪念馆馆长秦华生、茅盾故居主任郭丽娜、泰州梅兰芳纪念馆馆长李祥等应邀参加了展览开幕式和文化交流活动。

7月23日，八家名人故居纪念馆在中国妇女儿童博物馆举办“大家风范　中国精神——20世纪文化名人的人格和家风”巡展开幕仪式。全国妇联书记处书记、中国妇女儿童博物馆馆长邓丽、全国妇联宣传部部长朱晓征、北京市文物局副局长刘超英、北京博物馆学会副理事长兼秘书长崔学谙及八家名人故居纪念馆的领导和宣教人员参加了开幕式和展览活动。开幕式由中国妇女儿童博物馆副馆长曾祝主持，崔学谙及八家名人故居纪念馆代表、北京鲁迅博物馆党委书记、副馆长赵国顺分别讲话。展览为期20天。

7月30日～8月6日，八家名人故居纪念馆与中国妇女儿童博物馆共同举办的“20 世纪文化名人的大家风范和中国精神”的主题公益讲座活动在中国妇女儿童博物馆进行。讲座分别为梅兰芳第四代传人、梅兰芳文物研究中心副主任梅玮的《中正平和 锲而不舍——梅兰芳的人格与家风》、老舍之女舒济的《勤俭持家 健康是福——谈老舍的家风》、中国郭沫若研究会执行会长、郭沫若纪念馆原副馆长、研究员蔡震的《我们要去创造个新鲜的太阳——郭沫若的创造精神》。

8 月 20 日，八家名人故居纪念馆在郭沫若纪念馆召开工作会议，商议编辑出版、招募志愿者及与北京新旅程盛和文化发展有限公司开展合作等事宜。

9 月 2 日，八家名人故居纪念馆有关人员在郭沫若纪念馆商议宣传品和文化创意产品的研发项目。

9 月 15 ~ 24 日，八家名人故居纪念馆“大家风范 中国精神——20 世纪文化名人的人格和家风”展览在北京市第十三中学巡展。

10 月 24 ~ 25 日，八家名人故居纪念馆在门头沟召开工作交流会。

11 月 3 ~ 7 日，八家名人故居纪念馆的“大家风范 中国精神——20 世纪文化名人的人格和家风”展览在华中农业大学进行巡展，茅盾故居主任郭丽娜代表八家名人故居纪念馆在开幕式上致辞，郭沫若纪念馆副研究员张勇、徐悲鸿纪念馆工作人员佟刚、梅兰芳第四代传人、梅兰芳文物研究中心副主任梅玮分别作为大学生作了专题讲座。

11 月 27 ~ 29 日，由桐乡市茅盾纪念馆牵头，八家名人故居纪念馆的“大家风范　中国精神——20 世纪文化名人的人格和家风”巡展开幕式在浙江警察学院举办，茅盾故居主任郭丽娜代表八家名人故居纪念馆在开幕式上致辞。

12 月 18 日，八家名人故居纪念馆部分单位在郭沫若纪念馆召开年度外宣工作会议。

12 月 30 日，郭沫若纪念馆副馆长赵笑洁、茅盾故居主任郭丽娜、老舍纪念馆副馆长王红英等代表八家名人故居纪念馆到肯尼亚驻华大使，与大使迈克尔·肯彦居（Michael D. M. Kinyanjui）商议拟在肯尼亚举办“中华名人展”等合作事宜。

（赵笑洁编辑整理）

八家名人故居纪念馆合作活动主题年表

主　　题	年 度
世纪名人万里行	2000
追寻世纪名人	2001
世纪名人走进华天老字号文化展	2002
寻访名人足迹——北京名人故居行	2003
漫步名人故居	2004
传承文明 走近名人——博物馆进学校、进社区	
“传承先进文化、追寻世纪名人”纪念中国人民抗日战争胜利60周年暨“文化名人进校园”	2005
共有的文明——文化名人与文化遗产	2006
弘扬爱国主义精神——进校园、社区、机关	
历史的记忆——文化名人与和谐文化	2007
文化名人与世界文化	2008
清明时节缅怀名人走进故居	
“穿越时空——‘五四’文化名人事迹展”进社区	2009
文化名人与新中国	
人文精神与文化名人	2010
红色记忆——文化名人与中国共产党	2011
为了中华的崛起——文化名人的爱国情怀	2012
文化名人与北京精神	
20世纪文化名人的中国梦	2013
创造辉煌——文化名人与文化创新	
访文化名人、看传统名宅、赏古树名木	
大家风范 中国精神——20世纪文化名人的人格和家风	2014
中华名人展 海外巡回展览主要有马来西亚、新西兰、日本、韩国、澳大利亚、法国、巴基斯坦、土耳其等国家	自2004年起不定期举办

后　记

15 年纪念文集的出版对于北京八家名人故居来讲，是具有里程碑意义的一件大事。在编撰八馆文集时，最令人感到棘手的事情就是对于活动图片的取舍，翻阅以往十几年活动的照片，感觉很多事情就像发生在昨天一样，历历在目。大家共同奔赴展览场馆路上的欢声、布展时劳动的场景、给观众讲解时认真的态度、参加活动后合影的笑脸等都如同电影画面一样一一呈现于眼前，这些铭刻了八馆人辛苦走过 15 年的美好瞬间，化为了八馆历史进程的永恒的记忆。看到一张张照片被舍弃在文集之外，真有心酸欲泪之感。

这本文集我们从多个角度全方位展示了北京八家名人故居 15 年的合作历程，咀华含英部分我们试图从综合的角度来谈 15 年来八馆合作的得失经验，细细品味八馆合作的价值和意义；展览纪实部分我们期望能通过北京市内、国内以及国外三个具有代表性的展览活动，展示八馆合作展览的理念和意义；记忆时空部分我们希冀由凝聚了八馆人真情实感的书写表达，去获得读者情感的共鸣。从文集整体的角度上讲，虽然不能说它的学术素养有多高，但是它却用纪实手法真挚地记录了一段历史，它就像一条涓涓细流，虽没有惊涛拍岸的汹涌气魄，但却有着沁人心田的细腻真情。

15 年对于历史的长河来讲根本不值一提，但对于北京八家名人故居来讲却意义非凡，大家从陌生到熟识、从邻居变为亲人，为了共同的理想和事业的追求，风雨兼程。这期间并非都是一帆风顺的，更多的是布满了曲折、困难和艰辛。因此我们能够发展到今天，最应该感谢给予我们帮助的人，他们之中有领导也有朋友、有熟悉的人也有陌生的人、有已经退休的老同志也有刚参加工作的年轻人、有配合我们展览的合作方也有参观我们展览的观众，总之要感谢的人太多太多。没有他们，我们不可能坚持到今天，值此文集出版之际一并致谢！虽未一一提及，但却心存感激。

15 年对于北京八家名人故居的合作来讲远远不是终点，更不是坐享其成的时刻。15 年仅仅只是一个新的起点，一个迎接新挑战的起点，一个创造更好明天的起点。相信我们的未来会越来越好！

图书在版编目(CIP)数据

大家风范 中国精神：北京八家名人故居联合活动十五年/钱振文主编. —北京：社会科学文献出版社，2015. 4
ISBN 978 – 7 – 5097 – 7274 – 4

Ⅰ. ①大… Ⅱ. ①钱… Ⅲ. ①名人 – 故居 – 介绍 – 北京市 Ⅳ. ①K878. 2

中国版本图书馆 CIP 数据核字（2015）第 058684 号

大家风范 中国精神

——北京八家名人故居联合活动十五年

主　　编 / 钱振文
副 主 编 / 张　勇

出 版 人 / 谢寿光
项目统筹 / 周　丽
责任编辑 / 高　雁

出　　版 / 社会科学文献出版社 · 经济与管理出版分社（010）59367226
地址：北京市北三环中路甲 29 号院华龙大厦　邮编：100029
网址：www. ssap. com. cn
发　　行 / 市场营销中心（010）59367081　59367090
读者服务中心（010）59367028
印　　装 / 三河市尚艺印装有限公司

规　　格 / 开　本：787mm × 1092mm　1/16
印　张：13. 5　字　数：150 千字
版　　次 / 2015 年 4 月第 1 版　2015 年 4 月第 1 次印刷
书　　号 / ISBN 978 – 7 – 5097 – 7274 – 4
定　　价 / 59. 00 元